图书在版编目（CIP）数据

半小时读懂日本战乱极简史 /（日）山本博文监修；
魏正译 . -- 深圳：深圳出版社，2023.6
　　ISBN 978-7-5507-3734-1

　　Ⅰ . ①半… Ⅱ . ①山… ②魏… Ⅲ . ①国内战争－战
争史－日本－通俗读物 Ⅳ . ① D731.31-49

中国版本图书馆 CIP 数据核字 (2022) 第 252270 号

版权登记号 图字 19-2023-026 号

TOUDAI KYOIYU GA OSHIERU! CHOYAKU SENRAN ZUKAN © 2019 HIROFUMI YAMAMOTO
All rights reserved.
Originally published in Japan by KANKI PUBLISHING INC.,
Chinese (in Simplified characters only) translation rights arranged with
KANKI PUBLISHING INC., through Inbooker Cultural Development (Beijing) Co., Ltd.

半小时读懂日本战乱极简史
BAN XIAOSHI DUDONG RIBEN ZHANLUAN JIJIAN SHI

出 品 人	聂雄前	责任编辑	南　芳　朱丽伟　童　芳
学术顾问	胡炜权	责任校对	叶　果
项目策划	许全军	责任技编	郑　欢
内文插图	渡边麻由子	装帧设计	知行格致

出版发行　深圳出版社
地　　址　深圳市彩田南路海天综合大厦（518033）
网　　址　www.htph.com.cn
订购电话　0755-83460239（邮购、团购）
设计制作　深圳市知行格致文化传播有限公司
印　　刷　深圳市华信图文印务有限公司
开　　本　889mm×1194mm　1/32
印　　张　8.25
字　　数　195 千字
版　　次　2023 年 6 月第 1 版
印　　次　2023 年 6 月第 1 次
定　　价　49.80 元

半小时

读懂日本战乱
极简史

[日]山本博文　监修

魏正　译

深圳出版社

前 言

我们为什么要读关于战乱的书呢？

生活在现代的各位，一听到战乱，脑海中首先会浮现出什么呢？大规模杀伤性武器、无人机轰炸、网络战争……确实，那些身上披铠甲、胯下骑骏马的武士在战场上搏杀的景象，或许只会出现在"大河剧"那样的历史剧中，在现实生活中是不会出现的。

但是，越来越多的人喜欢读讲述战乱的书。如果你觉得这些人不过是"历史迷"，那就太肤浅了。战争的胜败、历史人物的真实面目等，才是吸引他们阅读的重要原因。

不过，伟大的企业家和优秀的商务人士之所以阅读历史书，不仅是为了了解历史，还因为他们能从书中学到不同的战略。

《广辞苑》是这样解释"战略"的：比战术更为广泛的作战计划。综合各类战斗方式，运用于战争全局的方法。

想必大家都听过"经营战略""事业战略"等经济术语，它们经常被那些故弄玄虚的管理顾问挂在嘴边。

管理顾问的战略，可以说就是让经营或事业得以成功的方针、计划，以及经营公司的方法。顾问们通过总结过去的案例，基于本公司（自身）的调查和研究得出符合实际的理论，然后根据理论来制定战略，再推销给他人。虽然他们不提供具体的产品或服务，但依旧赚得盆满钵满。我并非在发牢骚，只是借这些只言片语来说明"战略"在商业中的重要性罢了。

人生也是如此。世道艰辛，我们应该怎样度过一生？为了不再失败，我们应该如何利用以前的失败……这些都需要应用"战略"。

那么，我们为什么要学习很久以前的"战略"呢？

"是不是因为打胜仗的方法从古到今都一样呢？"没错，就是这样。不过还有一个更重要的原因，在读了本书以后，希望大家都能意识到它。

从前与现在不一样，从前如果输掉的话，就真的没命了（输掉的一方所有人都可能会死）。所以那些为了保住性命所做的认真思考和所采取的谨慎行动更有说服力，毕竟那时的认真劲儿和现在完全不一样。

毫不夸张地讲，我们每一天都在进行着殊死搏斗，不停地思考着活下去的办法。正因为如此，我们才能与本该成为历史的人物产生共鸣，享受着阅读他们的乐趣。

一得之见到此为止。总之，为了活下去，先人们在战略方面殚精竭虑。读罢此书，倘若大家能够体会到这一点，那将是我的荣幸。

东京大学史料编纂所教授

山本博文

■ 如何阅读本书

在战争的名称下方，使用公元纪年标注战争起始年。之后需要阅读基本信息，如此便能迅速掌握在哪个地方，谁和谁进行了一场怎样的战争，原因是什么，结果又是什么，等等。

不过，历史上也有很多事件不甚明确。即便是那些被写入教科书的著名战争，实际上至今仍存有很多疑点。

而且无法做到面面俱到，如果什么都写，那这本书的分量就太重了。本书的重点就是让大家掌握基本信息。

各个图标的意思如下所示：

场 —— 战争发生的地点

数 —— 两军所动员的兵力

战 —— 战争两军的势力划分，两军的大将

原 —— 战争发生的实际原因

键 —— 战争的关键人物

结 —— 战争的结果

死 —— 主要的死者

损 —— 设施等战争损失

* 不论哪一项都存在多种说法的可能。

* 若具体数字不明确，则标注"不明"二字。

接下来，正文中将简要回顾一下战争过程。一般分为

战前状况、战争进展、战后状况 3 个阶段。只要能够明白"为什么会发生""发生了什么""之后又怎样了"的话，基本上就能了解战争的全貌。

另外，书中还附有可爱的插画，形象地展示战争场面、人物关系以及军队布阵。战争毕竟是你死我活的事情，所以阴谋、背叛比比皆是。希望通过插画，能够缓和一点阴郁的气氛。

最后，再看看"决定胜负的关键"。通过简要梳理胜方和败方的战略，就会明白，取得战争胜利的要素有哪些。

"超译解说"部分讲述从战争中得到的教训。作为对战略的补充，这部分从现代人的视角，总结了在战争中学到的经验教训。这些经验教训，可以为现代人的职场生活提供借鉴。

Chapter 1 从《日本书纪》所记载的磐井之乱开始。日本的历史是天皇的历史，也是一部围绕天皇所发生的战乱的历史。（虽然当时还没有"日本"这个说法）。为了理解古代日本到底发生了什么，我们将之安排在本书的开头。

从这些战争中得到的教训是集中权力、巩固组织很重要。作为战争中必要的战略，希望大家首先能够明白这一点。

Chapter 2 则是从源平争霸开始，到镰仓幕府的崩溃。在源平争霸以前，更多是贵族之间的权力斗争。武士登场后，使得这些权力斗争转眼间就变为血腥的实战。

令人颇感意外的是，武士登场虽然开启了真刀真枪相互比拼的时代，但胜负的关键却是大局观的有无。即便在战场上厮杀得很厉害，那些不能料敌机先，困于眼前利益无法自拔的人，必然会走向灭亡。

另外，从中能够明白"若想出人头地，就要有自知之明"的道理。

Chapter 3 将讲述从南北朝到室町幕府灭亡时期的战争。为了在复杂的权力斗争中获胜，如何维护人际关系、如何在绝境中生存等是很重要的。如果将上述问题放在现代商业背景下，或许会更有意思。同时，上述内容也可应用于中层管理者的实践训练。

另外，对于应仁之乱这种影响一个时代的大事件进行分析，也是极为重要的。

Chapter 4 将探讨战国大名，特别是以织田信长、丰臣秀吉①和德川家康为中心的战国时代。解读他们成功与失败的因素，对于在乱世生存的人来讲是必需的。没有常胜的将军，所以认识失败很重要。

本章的关键词是"兵法"和"人心操控术"，也会谈谈"如何以最小代价赢得战争"这一最高级别的战略。

阅读本书介绍的一场场战争时，希望你能够以一个身处战场的当事者的角度，想一想"如果是自己的话，会怎么办"。对于现代人而言，这是培养"战略思考"能力的有效手段。如果本书能对人生这场"生存战"有所启发的话，就不胜荣幸了。

---

① 初名木下藤吉郎。早年充织田信长部将，转战各地，称羽柴氏。1582年信长死后，权势日重。1585年任关白，次年任太政大臣，并被赐姓丰臣。1590年灭北条氏，统一全国。1591年让关白位于其养子，自称"太阁"。——译者注

目 录
Contents

Chapter 1

从古代战乱到武士崛起

磐井之乱 ···································· 002

丁未之乱 ···································· 006

暗杀崇峻天皇 ································ 010

乙巳之变 ···································· 014

白村江之战 ·································· 018

壬申之乱 ···································· 022

长屋王之变 ·································· 026

藤原广嗣之乱 ································ 030

藤原仲麻吕（惠美押胜）之乱 ·············· 034

巢伏之战 ···································· 038

平将门之乱 ·································· 042

平忠常之乱 ·································· 046

前九年之役 ·································· 050

后三年之役 ·································· 054

战乱小贴士 由剑到刀，日本刀的演变 ·········· 058

Chapter 2

从源平争霸到镰仓幕府的崩溃

保元之乱 ·· 060

平治之乱 ·· 064

俱利伽罗峠之战 ·· 068

坛之浦之战 ·· 072

奥州之战 ·· 076

和田之战 ·· 080

承久之乱 ·· 084

弘安之役 ·· 088

霜月骚动 ·· 092

元弘之变 ·· 096

千早城之战 ·· 100

中先代之乱 ·· 104

战乱小贴士 "吉野里遗址"竟是城堡的起源 ···················· 108

Chapter 3

从南北朝战乱到室町幕府的消亡

多多良滨之战 ··· 110

观应之乱 ·· 114

筑后川之战 ·· 118

明德之乱 ·· 122

正长土一揆 ·· 126

嘉吉之乱 ·· 130

享德之乱 ·· 134

应仁之乱 ·· 138

半小时读懂日本战乱极简史

长享之乱 · 142

加贺一向一揆 · 146

明应政变 · 150

河越城之战 · 154

严岛之战 · 158

国府台之战（第二次） · · · · · · · · · · · · · · · · · · 162

战乱小贴士　"鱼鳞阵""鹤翼阵"都不存在 · · · · · · 166

Chapter 4

战国大名崛起与信长、秀吉、家康

桶狭间之战 · 168

川中岛之战（第四次） · · · · · · · · · · · · · · · · · · 172

月山富田城之战（第二次） · · · · · · · · · · · · · · 176

姊川之战 · 180

石山之战 · 184

火烧比睿山 · 188

三方原之战 · 192

长筱之战 · 196

手取川之战 · 200

耳川之战 · 204

天正伊贺之乱（第二次） · · · · · · · · · · · · · · · · 208

本能寺之变 · 212

山崎之战 · 216

贱岳之战 · 220

小牧·长久手之战 · 224

小田原征伐 ·· 228

文禄之役 ·· 232

关原之战 ·· 236

大坂冬之阵 ·· 240

大坂夏之阵 ·· 244

参考书目 ·· 248

从古代战乱到武士崛起

磐井之乱

丁未之乱

暗杀崇峻天皇

乙巳之变

白村江之战

壬申之乱

长屋王之变

藤原广嗣之乱

藤原仲麻吕（惠美押胜）之乱

巢伏之战

平将门之乱

平忠常之乱

前九年之役

后三年之役

磐井之乱

九州最大的豪族
反对大和政权出兵朝鲜的计划

场	筑紫国（今福冈县）	**数**	不明
战	大和军 vs 磐井军	**原**	出兵朝鲜半岛
键	物部麁鹿火	**结**	大和军胜利，磐井军败亡
死	磐井	**损**	不明

战前 由出兵朝鲜转变为内乱

　　磐井之乱是近畿的大和政权与九州地方豪族之间的冲突，其背后受到当时朝鲜半岛局势极大的影响。

　　5—6 世纪，大和政权的势力不断扩大。日本当时政权的首脑还不叫"天皇"，而是"大王"。

　　在朝鲜半岛，北部的高句丽和南部的百济、新罗三方争霸，南端加耶地区则是小国林立的区域。朝鲜半岛与大和政权交流密切，日本人还在此地开设了派驻机构。**这些机构被后世称为"日本府"**，但"日本"这一国号在 8 世纪以后才被使用，所以当时这些机构的名称尚且不明。

　　527 年，新罗的军队入侵了加耶地区，继体天皇决定出兵，"把新罗那些家伙打回去"。于是，他命近江毛野率领一支 6 万人的大军向加耶进发。但是当近江的军队行至九州时，当地的豪族磐井拦住了他们的去路。

战局 磐井拥有与大王相匹敌的实力

　　磐井是从属于大和政权的筑紫国造，国造就是地方长官的意思。据《日本书纪》记载，新罗方面向磐井行贿，希望磐井能够阻止大和军。也就是说，磐井之乱并不单单是地方叛乱，更是一场间接与新罗开打的战争。

　　对阵大和军的磐井，不仅动员筑紫国的军力，还在肥国（今熊本县）、丰国（今大分县）招兵买马，可谓是横跨如今九州三县的巨大势力。继体天皇任命心腹物部麁鹿火担任讨伐磐井的司令官。史书没有记载战争的具体过程，但经历了一年半的战斗后，磐井在御井郡（今福冈县三井郡）被麁鹿火的军队杀死。

　　战争看似是以大和军的压倒性胜利告终，但整个情况并没有那么简单。**继体天皇与上一代的武烈天皇并没有直接的血缘关系，磐井之乱发生之前，继体天皇刚从越前国（今福井县）入主大和国（今奈良县）。**为此继体的政权根基还很薄弱，不认同继体天皇身份的豪族纷纷反叛。或许当初磐井也是认为大和政权根本不堪一击吧。

相传，位于福冈县八女市的岩户山古坟是磐井生前为自己打造的陵墓。古坟全长为 135 米，和大和政权的大王陵墓达到了同等规模。所以，也有人说，磐井的势力如此之大，或许他打算在九州建立一个独立王朝。

战后 虽然镇压了叛乱，但未能达成本来目的

磐井败亡后，九州地区基本没有能够抵抗大和政权的势力了。磐井的儿子葛子将糟屋（今福冈县糟屋郡）献给大和政权，从而免受处罚。于是，以糟屋为首的九州北部设置了许多大和政权的直属管理的地区，被称为"屯仓"。

大和政权认为再无人可以妨碍其计划，遂**重新向朝鲜半岛派遣军队，但最终没有获得多大的战果。**562 年，加耶地区成为百济和新罗的势力范围，日本在朝鲜半岛的影响力也逐渐衰落。

5—6 世纪，大伴氏在大和政权中权势滔天。但是，大伴氏对朝鲜半岛政策的接连失败，使得其影响力逐渐降低，苏我氏和物部氏并荣一时。

在九州，豪族势力尚未被任何势力统一，而近畿地区则是大和政权一家独大。

超译解说 **磐井之乱的教训**

虽然磐井之乱的战争过程没有被记载，但有一点可以确定，那就是像磐井这样能够建造出如此巨大坟墓的豪杰，也无法战胜从近畿攻打过来的大和军。

在古代日本，地理上靠近中国以及朝鲜半岛的九州是文化发达地区。但到了 6 世纪以近畿地区为根据地的大和政权却迅速崛起。这到底是为什么呢？

有人认为，大和政权急速成长的一个原因是九州地区豪族势力林立，而近畿地区对大和政权来说没有强大的对手。一家独大的大和政权，赐予大伴氏、物部氏、苏我氏等临近豪族"臣"或"连"等姓（称号），使他们成为臣子。

现代社会也有这样的例子。在一些电话、电视都没有普及的新兴国家，突然能够大范围使用智能手机。这些国家本来是欠发达地区，却能够飞速发展。

满足于身为文化发达地区的现状而停滞不前，忽视了组织架构的建立，并且过于仰仗旧有的关系网，这或许就是磐井失败的原因。

丁未之乱

围绕佛教
引起的政治斗争

场	河内国（今大阪府）	**数**	不明
战	苏我军 vs 物部军	**原**	豪族间的势力争斗
键	苏我马子	**结**	物部氏的灭亡
死	物部守屋	**损**	不明

 战前 不畏佛陀惩罚的保守派：物部氏

据日本教科书记载，佛教于 6 世纪从百济传入日本。**佛像和佛典是佛教指导民众的便利工具**。而且，外来的僧侣们还掌握着土木、医学等知识。当时佛教已经在中国和朝鲜半岛有所普及，所以日本引入佛教，就是融入国际标准文化系统的必然结果。

致力于推广佛教的是大豪族苏我氏。当时，苏我氏中的苏我稻目将自己的两个女儿嫁予钦明天皇，通过和大王家（天皇家）的姻亲关系强化了自己的实力。

但是，旧有豪族物部氏对佛教不感兴趣。物部氏的族长物部守屋认为"瘟疫就是因为信仰佛教才发生的"，烧毁佛殿。即便如此，瘟疫也没有停息，反而开始流行"瘟疫是佛罚"的传言。

之后，瘟疫导致敏达天皇逝世。送葬时，物部守屋

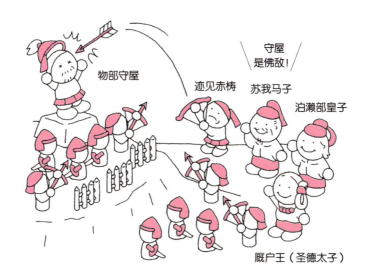

对苏我氏的当家苏我马子讥讽道："你就像一只中箭的小麻雀。"

敏达天皇的继任者是用明天皇，但两年后也逝世了。物部守屋打算拥立钦明天皇之子穴穗部皇子，但苏我马子却选择扶持敏达天皇的皇后额田部公主（后来的推古天皇）。如此一来，物部氏和苏我氏的矛盾逐渐深化。

⚔ 战局 物部守屋最终被旧臣射杀

以干支"丁未"来命名的丁未之乱发生在 587 年 6 月，物部守屋和穴穗部皇子一道，为了打倒苏我氏做着准备。苏我马子察觉后，命令部下讨伐穴穗部皇子。

苏我马子笼络其他的豪族、额田部公主的外甥厩户王（圣德太子）、泊濑部皇子（后来的崇峻天皇）等人，攻打物部氏的大本营河内国涉川，由于河内国北部为湿地，不易进攻，于是从南部进军。

苏我氏掌管大和政权的财政，物部氏则掌管军事。面对物部军射来的箭雨，苏我军曾三度被打退。

　　但是，从兵力上来讲还是苏我氏阵营占优势。相传深信佛教的厩户王雕刻了四大天王的木像，对之祈祷胜利，使军队的士气高涨。只不过当年厩户王才 14 岁，还没有扬名天下，因此被认为是后人编造的故事。

　　不久，物部氏弹尽粮绝，最后物部守屋被迹见赤梼射杀。迹见本是物部氏的将领，但投靠了苏我氏。想必物部守屋死前也会像恺撒那样，发出"竟然是你，布鲁图？"一类的慨叹。这场战争便是丁未之乱。和后来的壬申之乱（参照 022 页）一样，在年号制度固定下来前，事件都是以发生年的干支来命名的。

战后 苏我氏迎来全盛时期

　　消灭物部氏后，苏我氏占有了物部氏的资产和领地。新即位的崇峻天皇与苏我氏的关系颇深，崇峻天皇的母亲便是苏我稻目的女儿。也许苏我马子也会觉得"天下是我们一族的了"吧。

　　在《日本书纪》等史书中，佛教的引入成为苏我氏和物部氏的政治斗争中最大的焦点，而排佛派的物部氏总是以一副恶人的嘴脸出现。

　　但事实上，**物部氏也曾致力于兴建寺院。**所以在两者的冲突中，"新兴势力的苏我氏消灭旧有势力物部氏"这一线索则要更加明显。

决定胜负的关键

> 苏我氏打出了"佛教守护国家"的名号，获得了形象战略上的胜利。物部氏则不善于挑选盟友。

超译解说 丁未之乱的教训

引入佛教的争论并不是苏我氏和物部氏的对立原因。

但是，苏我氏从一开始就从守护国家的角度去推崇佛教，并与其他的豪族以及厩户王、泊濑部皇子等皇族结盟。而物部氏的盟友数量很少，这是不可否认的事实。

物部氏没能像苏我氏那样积极笼络各方，更没能打出明确的"大义"旗号，这也是其败北的原因。

在物部守屋拥立的穴穗部皇子被苏我马子讨伐之后，物部守屋已经失去了后盾。

身为守屋同盟的穴穗部皇子本身就是一个声望不佳的人。因为他在敏达天皇死后，曾经对皇后额田部公主有着非分之想。如果是在对性骚扰零容忍的现代，无论如何他都不会成为下任政权的领导者。

苏我马子洞察先机，与额田部公主结为同盟。可以想象，当时宫中对于身世悲惨的额田部公主会有一些同情之词。再加上佛教的引入，苏我马子将两者作为"大义"来打动人心，可谓是在形象战略上获得了胜利。

Chapter 1 从古代战乱到武士崛起

暗杀崇峻天皇

臣子杀害天皇，
日本史上鲜有的事件

场	大和国（今奈良县）	数	不明
战	苏我马子 vs 崇峻天皇	原	对宫中主导权的争夺
键	额田部皇女（推古天皇）	结	崇峻天皇死亡
死	崇峻天皇	损	不明

战前 "昨日之友乃今日之敌" 的宫中景象

　　丁未之乱后，崇峻天皇即位。他参与了飞鸟寺（法兴寺）的修建，为佛教的振兴做了很多努力。

　　不过，崇峻天皇与握有实权的苏我马子逐渐产生矛盾。天皇虽然迎娶了马子的女儿，但之前已经娶了物部守屋的妹妹。丁未之乱前，崇峻天皇曾有一段时间支持守屋与穴穗部皇子。**当时，有势力的豪族和皇族之间即便拥有姻亲关系，因为现实情况，也存在相互敌对的可能。**

　　592 年 10 月，崇峻天皇面对一只贡品野猪时，不经意间说出了自己的心里话："要是能把那些讨厌鬼的头，像野猪一样砍掉就好了。"之后便集结了部队。

　　苏我马子知道这一切以后，觉得"这是要砍我的头啊"，所以打算先下手为强。

额田部公主　　　　　　　　　　　　苏我马子

战局 额田部公主竟然是幕后主使？

　　苏我马子向崇峻天皇谎称"东边属国的贡品运过来了"，邀请天皇参加庆祝仪式。然后，领受苏我马子命令的东汉直驹在仪式现场暗杀了天皇。

　　但事件之后的走向有些奇怪，直驹没有因为暗杀事件受到任何惩罚。反倒是之后因为他存在染指崇峻天皇之妻河上娘（马子的女儿）的嫌疑被杀了。

　　在暗杀崇峻天皇之前，马子曾向直驹保证事成之后保护其人身安全。所以，也有人认为马子是为了避免事情败露而杀人灭口。

　　另外，当时的大王（天皇）在死后并不会立刻下葬。一般尸体需要在棺材中停灵数十天，其间臣子和亲人会献上各种送别之词，这称为殡礼。然而崇峻天皇死后，尸体很快就埋进了黄土。

从以上情况来看，暗杀崇峻天皇可能并不仅仅是马子一个人的想法，先帝的皇后额田部公主，还有宫中的一些实力人物会不会有所授意呢？也有人抱有这种看法。

在日本历史上，与权臣产生冲突而被迫退位或者被暗杀的天皇或许有那么几位，**但于在位期间被大臣暗杀，且有明确记载的，崇峻天皇是唯一的一位。**

苏我氏的业绩被掠夺

崇峻天皇死后，额田部公主即位，成为日本最初的女天皇即推古天皇。此前，敏达天皇的皇子押坂彦人大兄皇子、竹田皇子及用明天皇的皇子厩户王等被推举为即位人选，但他们都是小辈，政治基础还很薄弱，没有被选上。

推古天皇的基本政策是广兴佛教，恢复在朝鲜半岛的影响力，和崇峻天皇的方针基本一致。

可见暗杀崇峻天皇一事，可能并非由于其与马子和推古天皇在政策上出现矛盾，说到底，就是因为后两人"和崇峻天皇合不来"，属于个人间的矛盾。

在推古朝，"圣德太子"（厩户王）成为摄政王，制定冠位十二阶、《十七条宪法》等，明确了朝廷内部的秩序。并且派出遣隋使，积极学习中国的最新文化。

只不过**现在有人认为，很多相传是"圣德太子"业绩的政策，其实是由苏我氏负责执行的。**《日本书纪》中苏我氏的业绩被轻描淡写，而圣德太子却被大书特书，这可能是出于后世藤原氏的授意。

苏我氏树立了"女天皇"这一新体制，可谓赢在了概念上，但也在后世留下了骂名。

超译解说 **暗杀崇峻天皇的教训**

暗杀崇峻天皇一事谜团很多，苏我马子和推古天皇在事前到底有无合作也不甚明确。

即便如此，与崇峻天皇交恶的苏我马子打出了"立一位女天皇上去"这样的概念，确实是奇思妙想。

推古天皇 39 岁即位，虽是女性皇族，但足以当政。她在位 36 年，构建了稳定的政权。

而崇峻天皇却疏忽大意，认为"（男）皇子当中根本没有马子可以拥立的人选"，所以从未将额田部公主（推古天皇）视为竞争对手。小看了女性，是他失败的原因。

只不过，暗杀在位的天皇一事实在是过火，招致了周围人的反感，导致部分皇族和其他的豪族逐渐开始反抗独揽大权的苏我氏。

最终，在 645 年的乙巳之变中，苏我氏被中大兄皇子和中臣镰足打败，政治影响力一落千丈。混杂着多方不满的改革，总有一天会遭到他人的反扑。因此后世难以评价苏我氏的功绩。

乙巳之变

皇子发动政变，
"大化改新"开始了

场	飞鸟板盖宫（今奈良县）	**数**	不明
战	中大兄皇子 vs 苏我氏	**原**	对苏我氏专权的反抗
键	苏我仓山田石川麻吕	**结**	苏我氏的衰退
死	苏我虾夷、苏我入鹿	**损**	苏我氏宅邸被焚毁

✿ 战前 终结独裁的暗杀计划

　　7 世纪上半叶赴唐留学的僧人旻、南渊请安、高向玄理等人回国后，便积极向朝廷传播唐朝先进政治制度。由此，要求建立以大王为首的强大政权的呼声逐渐高涨。

　　当时的日本，基本上是苏我氏一家独大的独裁政权。作为事实上的最高统治者，苏我虾夷和苏我入鹿逼死了圣德太子（厩户王）的儿子山背大兄王，之后更是在一座能俯瞰飞鸟板盖宫（天皇皇宫）的山上建立了巨大的宅邸，里面还有武器库，向外界散发着嚣张的气焰。

　　皇极天皇的儿子中大兄皇子对此十分愤慨，于是联合舅舅轻皇子、臣子中臣镰足以及虽属苏我一族但与虾夷、入鹿相对立的苏我仓山田石川麻吕等人，结成了反对虾夷、入鹿的政治集团。

　　当时，唐朝与高句丽、百济与新罗产生了冲突。反对

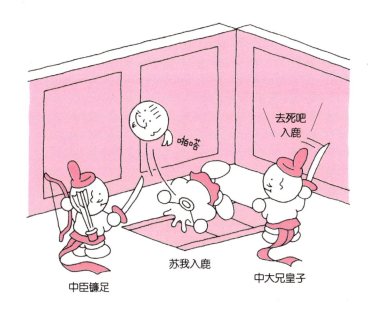

去死吧
入鹿

嗒嗒

苏我入鹿

中臣镰足

中大兄皇子

集团与虾夷、入鹿父子还在支持哪一方的问题上产生了矛盾。于是，反对集团开始密谋暗杀虾夷和入鹿。

✕战局 中大兄皇子竟然不是首谋！？

645 年，也就是乙巳年的 6 月 12 日，暗杀计划正式实行。计划是趁苏我仓山田石川麻吕在皇极天皇面前宣读外交文书之时，由刺客来暗杀入鹿。然而，暗杀现场，刺客竟然迟迟没有动手。于是，在一旁关注事态发展的中大兄皇子亲自领兵杀入宫殿，一边高喊着"苏我氏要灭了整个皇族"，一边砍下了苏我入鹿的人头。

之后中大兄皇子为了提防虾夷的反击，坚守在飞鸟寺。虽然还有东汉氏等一部分豪族与苏我氏相勾结，但是**经由支持中大兄皇子的巨势德太的劝说**，最终这些豪族放弃了反抗。

虾夷宅邸的卫兵在得知事变后仓皇逃窜，而虾夷也明白大势已去，在自己的房子里放火自裁——以上都是《日本书纪》的记载，现在普遍认为这是美化后的说法。被视作首谋的中大兄皇子当时只有 19 岁，所以有人认为当时 49 岁的轻皇子，更有可能是幕后主使。

乙巳之变之后，轻皇子从姐姐皇极天皇手中继承皇位，是为孝德天皇。在新政权中，中大兄皇子成为皇太子；实力比肩苏我氏的阿倍氏的阿倍内麻吕成为左大臣；苏我仓山田石川麻吕成为右大臣，并成为苏我氏宗家；而中臣镰足则就任内臣。

战后 "大化改新" 其实是苏我氏的主意

孝德天皇规定日本最初的年号为"大化"，于乙巳之变第二年颁布改新诏令，效法唐制，实行中央集权的制度改革。**这就是历史上有名的"大化改新"。**

改新诏令第一条废止了豪族的土地私有权，规定土地与臣民全部为天皇所有。第二条意图改善地方行政并且架设交通与通信网络。第三条规定"班田收授法"，即根据户籍，向每个农民分配固定面积的耕地（口分田）。此外，诏书还规定了税制以及徭役等内容。

然而，鲜有实证能够证明此诏令是在 646 年制定并实行的。莫若说诏令是在 8 世纪，也就是《日本书纪》编纂之时，此种看法还比较有说服力。也有人认为，乙巳之变之前的苏我氏已经抱有类似的政治构想。

决定胜负的关键

轻皇子和中大兄皇子在事前积极筹备作战计划，取得了胜利。而虾夷和入鹿的膨胀导致树敌太多。

`超译解说` **乙巳之变的教训**

乙巳之变的三年前，入鹿成为苏我氏的新当家。他根基尚浅，而苏我虾夷隐居，也没有集结势力去抵抗。也就是说，在开战前苏我氏已经失去了对抗皇子的力量。

皇族里面，古人大兄皇子与苏我氏关系密切，但是没有其帮助虾夷的记录。可见，轻皇子和中大兄皇子在暗杀计划实施前，就已经同各位重要人物进行了长时间的交涉。

当然，皇极天皇对这一切也是默许的。所以过分独裁的话，最后一定会成为"孤家寡人"。

在虾夷、入鹿败亡后，延揽苏我仓山田石川麻吕也是十分明智的策略。此举相当于现代企业并购时并不全面裁员，而是留下了解企业运营情况的人员，并加以提拔。

实际上，乙巳之变只是消灭了苏我氏的宗家，其他的有力豪族依然存在。改新诏令所标榜的中央集权化，实行起来也并没有很顺利。后来中大兄皇子成为天智天皇后，才完成了中央集权体制的建立。但在其去世后，皇族内部又开始了权力争夺，是为壬申之乱（参照022页）。

Chapter 1 从古代战乱到武士崛起

白村江之战

663 年　飞鸟时代

古代日本最大的对外战争，改变了东亚的局势

场	白村江（今韩国锦江入海口）	**数**	约 8 万人（唐·新罗）vs 2.7 万人（日本·旧百济）
战	唐·新罗联军 vs 日本·旧百济联军	**原**	日本对朝鲜半岛争端的介入
键	中大兄皇子	**结**	日本·旧百济联军败北
死	鬼室福信	**损**	400 艘日本战船被击毁

战前　出发前就已经知道局面不利了吗？

虽然现在的网络信息非常发达，但在没有网络的 6—7 世纪，东亚信息网也呈现出一种无国界的景象。据说，日本在朝鲜半岛南部拥有派驻机构"日本府"，一直持续到 6 世纪。可见，日本与朝鲜半岛之间的交流是很频繁的。

7 世纪伊始，**大和政权与新罗暗中对立。百济由于也与新罗敌对，故而与日本缔结了友好关系。**

618 年，唐朝建立。朝鲜半岛的局势也产生了巨大变动。唐与新罗联手向高句丽与百济施压。660 年，唐·新罗联军首先消灭了百济。

当时，百济的王子丰璋作为人质留在日本。百济王族的幸存者鬼室福信希望"日本伸出援手，让丰璋即位百济王，复兴百济"。

执掌大和政权的中大兄皇子认为"唐朝是大国，打起

那种船真的
打不赢啊！

仗来日本肯定失利"。但另一方面也希望"复兴百济，恢
复日本在朝鲜半岛的影响力"，最终决意出兵。

中大兄皇子与母亲齐明天皇（第一次在位时称皇极天
皇）率军向九州北部的筑紫行进，但齐明天皇于 661 年 7
月病逝。于是中大兄皇子全面执掌军队，并向丰璋划拨了
5000 人，之后便送丰璋出海。

然而战况并未好转。663 年 3 月，日本方面集结兵力，
派遣了一支由阿昙比罗夫和阿倍比罗夫等人为指挥官，拥
有 1000 艘战船的增援部队。

唐朝从海上出兵旧百济，新罗则以陆上部队与之协同
作战。双方共计拥有将近 10 万人的兵力。而丰璋因为久居

Chapter 1 从古代战乱到武士崛起

日本，指挥不动自己的将士们。最终军中出现了内讧，鬼室福信也因此殒命。

战况持续恶化，8月，日本在白村江（今韩国锦江入海口）与唐军决战。日本·旧百济联军兵力为 2.7 万人，拥有战船 400 艘。唐·新罗联军以 8 万人兵力，200 艘战船迎战。

虽然日本的战船数量是唐朝的两倍，但是指挥不畅。加之唐军都是大型战船，不费吹灰之力就能掀翻日军的小船。唐军步兵更是采用登船战，大败日军。

根据《旧唐书》记载，**大海都被士兵的鲜血染红了**。日本·旧百济联军全军覆没，丰璋逃往高句丽，旧百济的部分高官则逃往日本。

战后 学习唐朝，强化统治架构

在对日作战中胜利的唐朝，之后一鼓作气消灭了高句丽。大和政权担心下一个就轮到自己了，于是在筑紫、对马、壹岐（今长崎县）等地配置了抵御唐军的"防人"[1]，并建造了一座护城河宽达 60 米的水城。

但唐·新罗联军并没有打到日本。消灭高句丽和百济后，唐朝和新罗产生了矛盾。

在国内一直观察战况的中大兄皇子，思考失败的原因时，深切感到"这些七拼八凑的军队肯定是打不赢的"。于是决心首先稳固内政，积极推进律令的制定。**日本在打造中央集权体制后，谦虚地向对手学习，白村江之战两年后，又派出遣唐使，重启唐朝与日本之间的交流。**

---

① 被大和政权派往西日本的士兵，又称"崎守"。——译者注

一厢情愿地轻视敌人，军官的统率能力不足，误用了挤牙膏战术……总之，一败涂地是必然的。

超译解说 **白村江之战的教训**

白村江之战中日军的战术，能够让我们回想起太平洋战争中日军的战术。在战略层面上，两者都是惨败的。

本来是为了复兴百济，鬼室福信却一直强调"优势在我方"。日本方面就是轻信这种似是而非的话语而失去了自己的判断力。

另外一个问题就是没有为丰璋配备大规模部队，而是一边进行挤牙膏战术，一边观望战况。直到最后形势变严峻了，才出动大军，然而此时已经无力回天。

而且日本的军队是由各豪族的私兵组成，步调不统一，无法进行有效的军事行动。而唐朝依靠以皇帝为核心的中央集权体制，能够以国家为基础有效地组织部队。从这一点上来看，日本·旧百济联军本来就是毫无胜算的。

不过，幸好战败弱化了日本各地的豪族势力。之后以中大兄皇子（天智天皇）为首的领导机构，决意效仿唐朝，构建中央集权体制，实属难能可贵。

壬申之乱

个人魅力超凡的继任者之间爆发的"日本古代史上最大的内战"

场	近江国（今滋贺县）	**数**	不明
战	东军（大海人皇子）vs 西军（大友皇子）	**原**	围绕皇位继承权的争夺
键	鸬野赞良公主	**结**	大海人皇子胜利，大友皇子兵败身死
死	大友皇子	**损**	大津宫倒塌

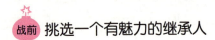

战前　挑选一个有魅力的继承人

发动了乙巳之变和白村江之战后，中大兄皇子巩固了国内的中央集权体制，在近江国建造了大津宫，并于 668 年即位，是为天智天皇。

为了管理民众，保障税收与兵源，天智天皇制定了日本最初的户籍政策，即庚午年籍。但是，中央集权体制下豪族的势力逐渐萎缩，招致了许多豪族的不满。

晚年时期的天智天皇在个人魅力上已经大不如前，其他豪强开始关心谁是下一任天皇。虽然天智天皇的弟弟大海人皇子被寄予厚望，然而 671 年朝廷新设太政大臣一职，由天智天皇的儿子大友皇子担任，所以大家都认为"下一任……也许就是大友皇子了吧"。

顾及哥哥的意思，大海人皇子公开表示"自己没兴趣继任天皇"，和妻子鸬野赞良公主一起在吉野（今奈良县）

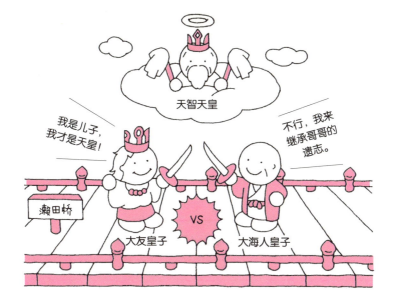

隐居。672 年 1 月，天智天皇去世，大友皇子即位。然而因其母身份卑微，大友皇子在政治上尚无有力的后盾。

⚔ 战局 被部下坑害的倒霉皇子

天智天皇死后半年，大海人皇子在吉野举兵。672 年是壬申年，所以这场内乱被后世称为壬申之乱。

大海人皇子本遵从了哥哥的意愿，所以有人认为他举兵的原因也许是鸬野赞良公主打算让自己的儿子草壁皇子即位。

大海人皇子经由伊势向近江进攻，拿下了近江东面的不破关（在今滋贺县）与铃鹿关（在今三重县），阻断了支持大友皇子的东部势力。之后更是纠集了东海地方和东山道的豪族。

二十几岁的大友皇子手下只有苏我赤兄、中臣金等少

Chapter 1 从古代战乱到武士崛起

数大臣，还有一些近畿和中国地方①的豪族支持。白村江之战使西日本豪族的兵力折损甚巨，因此大友皇子的势力不论是在量上还是质上，都让人感到极其不安。但是在内乱之初，大家都认为大友皇子依然握有优势。

然而，随着集结在飞鸟的大友皇子军的指挥权被忠于大海人皇子的大伴吹负攫取，形势一瞬间发生了变化。另外，大友皇子军还爆发了内讧，起因是指挥官山部王也想向大海人皇子倒戈，结果被苏我果安和巨势人杀害。

最终，7月22日，两军在大津宫附近的濑田桥上展开决战。据说大友皇子军将桥正中砍断，之后在上面铺上木板，打算在敌兵进犯之际抽掉木板，使其掉入河中。**虽然大友皇子本人亲临前线，展现了昂扬的斗志。但最终还是落败**，皇子本人也逃往大津宫。翌日，大津宫也被攻下，大友皇子被逼自裁。

战后 内乱真正的输家是地方的豪族们

打败对手后，大海人皇子于673年2月即位，是为天武天皇，并建造了新的宫殿，即飞鸟净御原宫。在战时大海人皇子纠集了一批对天智天皇和大友皇子的政治方针不满的豪族，但即位后，他和天智天皇一样，推进了中央集权的制度建设。那些豪族想必是苦不堪言。天武天皇随后下令编纂《飞鸟净御原令》，这是一部效仿唐朝律令的法令。法令规定了土地的管理与纳税方法，重新整理了官僚机构，并将皇族和豪族依次编排，形成"八色之姓"的体制。

① 地区名，在今日本本州西部，为日本八大地方之一。后文同。——译者注

决定胜负的关键

尽可能早而多地团结豪族是大海人皇子胜利的秘诀。反观大友皇子，迟于收集情报，落了下风。

超译解说 壬申之乱的教训

在很多少年漫画中，都有年轻主人公大战奸猾老头的桥段，然而现实中这样的事情鲜有发生，因为人生经验和可靠人脉才是成功的关键。壬申之乱正体现了双方的这层差距。

大友皇子拥有继承皇位的"正统性"，但是多数豪族都对天智天皇的政策抱有疑问："效仿唐制究竟好还是不好？"大海人皇子也是瞅准了这一点，巧妙地将其他势力拉入己方。

总之，大海人皇子长于事前运作，为了最终的胜利，拉拢了大部分豪族。率先控制了各处的关卡，招揽了东日本的兵力是其获胜原因之一。当时西日本的豪族与民众饱受白村江之战的苦头，为了抵御可能来犯的新罗军而在东日本征兵，大海人皇子直接将兵力化为己用。

在天智天皇临终之时，大友皇子才被指定为继承人。这样一来，他几乎没有忠诚的部下，领导能力也不高。加之，无法掌控敌方的进攻模式，集中兵力攻打敌军的大本营大和国，疏忽了近江的防备。因此，不管是情报收集还是军事战略，大友皇子都可以说是经验不足。

长屋王之变

一场捏造的未遂政变，
还未开始就已结束

场	平城京（今奈良县）	**数**	不明
战	藤原氏 vs 长屋王	**原**	宫中的派阀对立
键	藤原武智麻吕	**结**	长屋王自裁
死	长屋王，吉备内亲王	**损**	不明

★ 战前 挡在藤原氏面前的王

8 世纪初，曾为天智天皇的心腹中臣**镰足（藤原镰足）之子藤原不比等崛起**。不比等将女儿宫子嫁予文武天皇，成为圣武天皇的外祖父，更将宫子的妹妹光明子嫁予圣武天皇。

不比等有四个儿子，分别是武智麻吕、房前、宇合、麻吕。这四兄弟身居重要官职，意气风发，觉得天下都在自己的囊中。这就是所谓的新一代政治家。

养老四年（720），不比等去世，天武天皇的孙子长屋王掌握了宫中的实权。几年后，光明子的儿子基皇子诞生，他很快就被立为太子。然而，基皇子不久就病死了，于是朝堂上都在流传着下一任太子将会从长屋王一系选出的传闻。

当时，天皇的配偶分为四个等级，分别是皇后、妃、

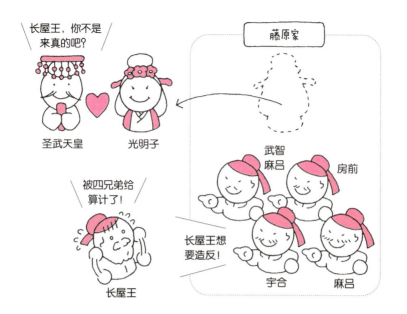

夫人、嫔。皇后的儿子被立为太子的可能性最大，但原本只有皇族的女性才有资格成为皇后，光明子的等级只是夫人，于是藤原四兄弟在圣武天皇面前做工作，希望将妹妹光明子立为皇后。

但是，这件事不符合惯例，遭到了长屋王的反对，所以四兄弟对长屋王恨得咬牙切齿。

战局 大家原本就知道长屋王是无辜的！

长屋王与藤原四兄弟的关系一再恶化，天平元年（729），终于酿成了祸患。朝廷收到了"长屋王在暗中搞巫术，企图谋反"的线报，宇合马上就率领六卫府的军队围攻了长屋王的府邸。

长屋王没有走死战到底的路线。看到自己大势已去，长屋王与妻子吉备内亲王双双在府邸自杀，整个事变就这么结束了。

据《续日本纪》记载，事变结束 9 年后，也就是天平十年（738），**诬告长屋王谋反的中臣宫处东人被原本侍奉长屋王的大伴子虫杀害**。既然是"诬告"，也就是说"长屋王无辜"这一事实被记录在国史当中。

以此为依据，长屋王之变是藤原四兄弟的阴谋这一说法就变得很有说服力。加之圣武天皇对与藤原家的姻亲关系很重视，自然很讨厌反对将光明子立为皇后的长屋王。

另外，《日本灵异记》将长屋王塑造为一个手拿笏板敲打私度僧（没有获得批准私自出家的僧人）的残暴形象，称长屋王被冤枉谋反，是因为佛降下了惩罚。

然而，历史上的长屋王笃信佛教，曾让遣唐使向唐朝寺院捐献了 1000 件袈裟。鉴真听闻此事后，表示"既然日本佛教如此盛行，那就一定要去看看"，坚定了赴日的决心。

战后 藤原四兄弟悲惨的下场

长屋王死后，光明子荣登皇后宝座，藤原四兄弟也纷纷升官。他们喜不自胜，"碍事的人都没了，之后就是我们的天下了！"然而，**不久爆发了天花，四兄弟接连病死**。平城京中传闻四起，都说这是"长屋王的冤魂作祟"。

四兄弟死后，橘诸兄成为权臣，他是敏达天皇的五世（也可能是四世）子孙。因此，藤原氏的影响力在这一时期有所降低。

成功拉拢圣武天皇的藤原四兄弟在战略上获得胜利，而长屋王由于和君主沟通不足，最终失败。

超译解说 **长屋王之变的教训**

为什么长屋王不向圣武天皇告白自己"没谋反，很无辜"，反而根本不抵抗，直接就自杀了呢？

我们看清楚事件背后的关系，就会明白长屋王认清了圣武天皇和藤原四兄弟是一伙的，所以觉得抵抗也没什么用。圣武天皇多少有点现代经营管理者的感觉，认为能力重于血缘。

所以，可以说长屋王失败的最大原因，就是与圣武天皇的沟通不足。当公司内部派系林立之时，如果和社长偏心的一方过不去，那可真是会吃苦头的。

而在这个问题上，权臣藤原不比等的四个儿子做得可谓无懈可击。宇合在率军围攻长屋王府邸之前，就已经对伊势的铃鹿关、美浓的不破关、越前的爱发关下达了封锁命令，筑起了警戒线。长屋王根本没有机会召集军队与藤原四兄弟进行战斗，连跑都跑不了。

然而，完败长屋王的藤原四兄弟在传染病这种天灾面前也无能为力……果真是人生无常。

藤原广嗣之乱

向朝廷撒娇耍赖
小少爷悲惨的结局

场	筑前国（今福冈县）	**数**	1.7 万人（朝廷军）vs 1 万人（藤原广嗣军）
战	朝廷军 vs 藤原广嗣军	**原**	对橘诸兄执政的不满
键	橘诸兄	**结**	广嗣军在朝廷的说服下投降
死	藤原广嗣	**损**	不明

战前 被贬谪的藤原氏少当家

　　在逼死长屋王之后不久，藤原四兄弟便相继去世，朝廷之上诞生了由橘诸兄领导的势力。

　　在此势力中，从唐朝归来的学者吉备真备和僧人玄昉受到重用。**真备在唐朝学习儒学、天文学以及兵法，而玄昉则治愈了圣武天皇母亲藤原宫子的抑郁症。**两人都备受皇族信赖。

　　藤原氏由于丧失了政治主导权，多有不满。特别是藤原宇合的儿子广嗣，他于天平十年（738）就任大和国（今奈良县）的国司，但年末突然被调去九州的大宰府。

　　一般而言，这属于贬谪，但内里大有文章。据《续日本纪》记载，广嗣被贬到九州的原因是他之前辱骂了自己的族人，在族中引发了矛盾。

　　另外，对于当时的朝廷来讲，大宰府由于处在对唐和

新罗的外交最前线，是很重要的地方，因此，有人认为调任大宰府绝对不是领了什么闲职。

⚔ 战局 决战尚未开始就已结束

不管是不是贬谪，广嗣到了大宰府后对政权抱有极大的不满却是事实。天平十二年（740）8月，广嗣向朝廷上书，称"这段时间的瘟疫一直不好，就是因为重用了吉备真备和玄昉"，更在9月，不等朝廷的答复便擅自举兵。

圣武天皇急忙任命大野东人为大将军，率军迎敌。待东人来到九州跟前的长门国（今山口县）丰浦一地后，首先派阿倍虫麻吕率4000士兵渡海作战。

广嗣分别在筑前国的海岸、内陆以及丰前国（今大分县）三个方向迎击朝廷军。但是广嗣军士气低下，不断有人向朝廷投降。

进入 10 月以后，广嗣军和朝廷军在筑前国板柜川隔河相望，决战的气息渐渐浓厚起来。其间，朝廷军的佐伯常人和阿倍虫麻吕要求与广嗣会面，反反复复总共提了 10 次。广嗣先是无视，最后也屈服，答应与朝廷军代表相见。

双方见面后，广嗣的说辞令人咋舌："我根本没想造反，就是想让朝廷把作乱的吉备真备和玄昉交出来罢了。"而常人和虫麻吕不依不饶："你大动干戈就是为这个？我们可不信！"广嗣没了话说，匆匆逃了出来。

最终，**由于没能打出正当名义，广嗣军没等到决战便内部瓦解了**。广嗣本人有意外逃，最终被抓，不久身首异处。

🌸战后 圣武天皇对政治斗争日益厌烦

藤原氏并未因广嗣的失败而没落。虽然是广嗣的兄弟，但未参与叛乱的藤原田麻吕之后入朝做官。

镇压叛乱后，圣武天皇放弃了平城京，**反复在恭仁京（今京都府）、难波宫（今大阪府）几个地方之间迁都，直到 745 年才返回了平城京**。直到现在也没有人知道他的意图所在，可能是相继而起的政治斗争以及连年的瘟疫让圣武天皇愈发厌倦，于是靠迁都来改换心情。

之后，圣武天皇又在佛教中寻找救赎，在全国范围内下令建造国分寺和国分尼寺，还颁布了建造大佛的诏书。可以说现在东大寺的大佛，就是广嗣之乱的副产品。

广嗣出身名门，但虚有其表，既没有远见也不会制订计划，更没有和部下进行详细说明。

超译解说 藤原广嗣之乱的教训

朝廷军镇压叛乱的时候，并没有立刻作战，而是采取了招降的策略。从广嗣军中九州士兵纷纷投降一事来看，叛军并不是真心想让九州独立出去。朝廷军可谓是看穿了广嗣的意图。

根据广嗣在板柜川的辩解，我们也无法确定他是否真心要造反。可能广嗣只是天真地认为，一旦自己举兵，朝廷就会乖乖交出吉备真备和玄昉。

如果，广嗣能够联合其他对橘诸兄势力不满的势力，走长期路线来动摇朝廷，而且向部下详细说明自己的意图，"我是这样考虑的，所以才要如此行动"，或许谁胜谁负还未可知。只要动机合理，战略合理，则尚有一战之可能。朝廷内部的势力关系也有可能据此发生改变。

当时的大宰府是远离国都的重要行政机关。总公司的部长和地方分公司的负责人，到底谁在地位上更胜一筹，还真不好说。对于出身名门的广嗣而言，更好的路应当是在大宰府勤勉锻炼，然后等待着回京升官的机会吧。

藤原仲麻吕（惠美押胜）之乱

读不懂复杂的女人心
精英高官迷失了自我

场	近江国（今滋贺县）	**数**	不明
战	朝廷军 vs 藤原仲麻吕军	**原**	围绕宫中主导权的争斗
键	道镜	**结**	藤原仲麻吕死亡
死	藤原仲麻吕	**损**	不明

⭐ 战前 姑姑让他位极人臣

从逆境到达权力的顶点，又匆忙跌落下来。藤原仲麻吕的人生，就是一场过山车游戏。

生于名门藤原南家的仲麻吕虽然富有才干，但年轻时因为橘诸兄把持朝政，所以度过了一段不得志的日子。

天平胜宝元年（749），女天皇孝谦天皇即位，宫中的实权则被其母光明皇太后握在手里。皇太后创立了紫薇中台这一直属机关左右政治，并任命仲麻吕作为长官，给予他充分的自由。不久，仲麻吕战胜橘诸兄，为藤原家夺回了政权。

橘诸兄去世后，其子橘奈良麻吕打算与讨厌藤原氏的道祖王及黄文王一起发动政变，但因情报泄露而失败。仲麻吕怒不可遏，将参与政变的相关人等悉数杖毙。

之后，仲麻吕更是迫使孝谦天皇退位，拥立与自己关

系亲密的大炊王即位，是为淳仁天皇。后得天皇赐名"惠美押胜"，位极人臣。虽然仲麻吕表现出一种为所欲为的独裁者姿态，**但他派遣官员听取民情，并减轻了民众劳役和兵役的负担，在制订政策时充分为百姓考虑，让人备感意外。**

⚔ 战局 官印被敌方偷走，沦为贼军

重用押胜的光明皇太后不久便病逝了，退位的孝谦上皇又把实权夺回手中。

常年远离政务的孝谦上皇认为终于有机会一展拳脚，**将押胜的支持者尽数从宫中驱逐，**并且重用僧人道镜。

押胜为此十分焦急。天平宝字八年（764）9月，押胜取得了畿内的军事指挥权，意图消灭道镜。而孝谦上皇为了应对政敌，将淳仁天皇的玉玺和驿铃抢走了。玉玺是天

皇用以签署官文的印章，而驿铃则是官员到地方执行政务时由朝廷发放的"身份证"。得到了这两样东西，孝谦上皇就有了指挥军队的权力。

在形势极其不利之下，押胜逃出了平城京，并抓紧动员部下。另一方面，孝谦上皇也拥有值得信赖的参谋，那就是曾经侍奉橘诸兄的兵学者吉备真备。真备看出押胜将要在美浓国或是越前国与同伴合兵，所以砍断了濑田川上的桥梁。切断押胜前往美浓国的道路后，真备又马不停蹄地占领了越前国。

押胜走投无路，打算在越前国东山再起，不料行军道路受阻，只得固守在琵琶湖西岸地三尾古城。然而支持孝谦上皇的藤原藏下麻吕军从水陆两侧猛攻三尾，终于将押胜抓住，并且处以极刑。

战后 几经战乱，女天皇成了孤家寡人

押胜战败后，孝谦上皇逼迫淳仁天皇退位，将之流放到淡路岛，自己则以称德天皇之名复辟。

有人说称德天皇极度依赖道镜，并赐道镜为法王，地位仅次于天皇。也有人说称德天皇甚至要将皇位让与道镜。**还有人说道镜以爱人的身份迷惑女天皇**，称德天皇终其一生没有结婚，没有子嗣，在皇族内部也没有可以信任的人。所以对于她而言，道镜就像庇护人一样的存在。

然而，神护景云四年（770），称德天皇去世，失去后盾的道镜很快就失势了。后来押胜的堂兄弟藤原永手、藤原百川拥立光仁天皇即位，藤原氏的权势得到了复兴。

决定胜负的关键

> 孝谦上皇夺走玉玺和驿铃，其判断力可称绝妙。仲麻吕，也就是押胜，因为没有留意女天皇，所以自取灭亡。

超译解说 藤原仲麻吕（惠美押胜）之乱的教训

由于过分重用道镜，孝谦上皇（称德天皇）的口碑实在不怎么样，但是她对押胜叛乱一事处置得很高明。虽然在位的是和押胜关系紧密的淳仁天皇，但是孝谦上皇一旦拿到了玉玺和驿铃，就拥有了命令百官和军队的权力。这相当于拿到了公司公章一样。

加之，起用知识和经验都非常丰富的吉备真备也是一手妙招。真备是被押胜斗倒的橘诸兄的心腹，所以从一开始就十分敌视押胜，各种策略运用起来也是得心应手。

押胜依靠姑姑光明皇太后做后盾，得以登上高位。然而他没能看到长期被母亲架空的女天皇心中的不满。

孝谦上皇青睐道镜，应该也是出于自己的孤独与不满，然而押胜并没有察觉这一点。历史没有如果，但要是押胜能够体会到孝谦上皇心中的忧虑，或许就不会在姑姑去世后被朝廷当作叛贼了。或者在光明皇太后健在之时采取一些怀柔策略的话，下场也不会那么惨。虽说母亲是自己人，但女儿此时却变成了最大的威胁。可以说，押胜败就败在参不透女人的内心。

巢伏之战

震惊朝廷军队
虾夷战略家阿弖流为的奋斗

场	陆奥国（今岩手县）	**数**	约 1200 人（虾夷军）vs 约 4000 人（朝廷军）
战	虾夷军 vs 朝廷军	**原**	虾夷对朝廷的抗争
键	阿弖流为	**结**	虾夷军击退了朝廷军
死	丈部善理	**损**	虾夷部落有 800 户被焚毁

战前 不堪受辱的虾夷郡司决意起兵

　　日本东北地区直到 9 世纪左右才成为朝廷的辖地，之前一直是一个独立势力，被称作虾夷。相传，虾夷的语言与生活习惯和当时的日本差别很大。

　　当时，朝廷加紧建立中央集权制。神龟元年（724），朝廷于陆奥国建造了多贺城作为基地，逐步开始巩固对东北地方的管辖。

　　宝龟十一年（780），虾夷的豪族伊治呰麻吕发起了大规模的骚乱。伊治郡隶属于国府，却被旁边牡鹿郡的长官道嶋大盾说是"小破地方的势力，不足为惧"，于是呰麻吕不堪受辱，决意奋起。在杀掉大盾后，呰麻吕火烧多贺城，与朝廷开战。但叛乱之后的情况不见于史书。

　　由此，**虾夷的叛乱在东北各地呈现了扩大化、长期化的态势。**不久，出身胆泽的战略家阿弖流为开始崭露头角。

而朝廷对叛乱也不再放任，派遣陆奥守纪古佐美领军镇压，两者之间的战斗终于打响。

⚔ 战局 让官军大吃苦头的游击战术

　　纪古佐美率领一支 52800 人的大军，于延历七年（788）12 月离开都城，翌年 3 月到达多贺城。然而，连日行军使得军队的士气不振，朝廷方面又加紧催促进攻。

　　5 月，纪古佐美派遣了 4000 人进攻阿弖流为传闻在北上川的大本营。朝廷军烧毁了虾夷的部落，占领了巢伏村，逼得阿弖流为撤退。殊不知，这些都是阿弖流为所设下的陷阱。

　　追击阿弖流为的朝廷军被引到了一处山脚，那里靠近河岸，地形狭长。不同于宽广的平原，在狭长地带，军队人数越多，越是尾大不掉。阿弖流为利用河上游的 800 人以及藏身山腰的 400 人对朝廷军发起夹击。此一役，朝廷军战死者有 25 人，包括司令丈部善理。有 1000 人直接溺死。应该是他们本想逃离河边，但因甲胄过重，所以不幸跌落水中。

"敌人的大本营在北上川东岸"的决断，恰恰是朝廷军被阿弖流为迷惑的最好证据。

占尽地利的阿弖流为，利用游击战术英勇奋战，不愧为著名的指挥官。

战后 欲救敌将的大将军

阿弖流为用兵如神，使得朝廷军的战况不断恶化。桓武天皇如坐针毡，急忙令征夷大将军大伴弟麻吕和副将军坂上田村麻吕率领 10 万人远征东北。田村麻吕在半路上升任为征夷大将军，负责后续的战斗指挥。

在大军面前，阿弖流为依然持续抵抗，却最终在延历二十一年（802）1 月向朝廷投降。其间的战况在史书中未被充分记载，但田村麻吕没有过分依赖武力，而是采取了怀柔策略，使得本来人数就不占优势的虾夷军中出现了众多的逃兵，最终，虾夷军不得已停战投降。

停战后，阿弖流为和盟友母礼一同被押往平安京。为了今后能够顺利统治虾夷，也出于对杰出对手的敬重，田村麻吕希望朝廷能够饶阿弖流为一条性命。但是，**平安京的官员们并不松口，最后阿弖流为遭到处决。**

虾夷的叛乱平息后，朝廷改变了之前的一部分方针，承认了衣川（今岩手县西南部）以北虾夷领地的自治权。

决定胜负的关键

在小规模战役中，阿弖流为利用地形优势获得了胜利，而坂上田村麻吕依靠怀柔战术锁定了胜局。

超译解说 巢伏之战的教训

朝廷最终镇压了虾夷的叛乱，但巢伏之战却是阿弖流为人生的高光时刻。

散布消息让敌人深信自己的营地就在河边，然后将大军引至无法自由发挥的狭长地带，这都是出色的战术。正是因为主场作战，才能够借助地形优势，锁定胜局，这一点很重要。

而朝廷的大军在初期步调未能一致，加之对虾夷军的轻视，所以无法正确掌控敌军的动向。

20 世纪初叶，英国工程师兰彻斯特提出了关于战争中兵力消耗问题的"兰彻斯特法则（第一线性法则）"。比起使用火器的近代战争，在真刀真枪的古代战争中，兵力优势并不等于绝对优势。如果能分散敌方兵力，采用一对一战术逐个击破，也是可以获胜的。阿弖流为的战术，就是印证这项法则最好的例子。

但是，阿弖流为最终败给了坂上田村麻吕。田村麻吕对投降的虾夷人采取宽大的处理方式。虾夷没有明确的统治组织，只是各部族的单纯聚集，所以如果响应怀柔政策的部族增多，那么即便神勇如阿弖流为，接下来的战斗也成了无米之炊。

平将门之乱

关东独立失败
源平武士走向崛起

场	下总国（今千叶县等地）	**数**	约 5000（新皇军）vs 不明（朝廷军）
战	朝廷军 vs 新皇军	**原**	坂东平氏的内部纠纷
键	平贞盛	**结**	朝廷军胜利，平将门兵败被杀
死	平将门	**损**	常陆国府被破坏

战前　化外之地的开拓者坂东平氏

　　平安时代，都城都在如今的京都附近，而关东则是一片片罕有开发的田园，不服朝廷管理的亡命之徒和盗贼在这片土地上蠢蠢欲动。9 世纪末，平高望（高望王）赴关东担任上总国国司。高望是桓武天皇的曾孙，朝廷赐予其"平"姓，成为盘踞关东的坂东平氏之祖。而平将门，正是高望的孙子。

　　以平氏为首的坂东武士们大多行事冲动，经常互相抢夺土地和女人，争斗此起彼伏。

　　承平五年（935），将门的父亲良将突然死亡。将门因继承遗产一事与大伯国香对立，最终杀死了国香。国香的儿子贞盛誓要复仇，兴师动众要干掉将门，但最后也被将门打退了。

　　将门性格大方慷慨，是个大哥般的人物，见到困窘的

人总想着一伸援手。《将门记》形容他是"侠气之人"。听闻武藏国武士武藏武芝和当地任代理国司的兴世王起了冲突后，将门挺身而出，化解了双方的矛盾。而另一位与国司起了冲突的郡司藤原玄明也受过将门的帮助。

⚔ 战局 族内纷争迅速演变为大叛乱

将门于天庆二年（939）11月，为了替玄明辩护来到常陆国府。在那里他见到了宿敌贞盛，两人二话不说就开战了。将门烧掉了国府，意外地站在了朝廷的对立面。**本来出自好心的行动，却因为私怨而发展成大叛乱。**

善战的将门只花了两个月就将关东的几个国府相继攻下，各地的国司也是降的降，逃的逃。国府的士兵都是京城派过去的，基本没有什么战斗力。将门从国府抢走官印，任命一些有实力的人出任坂东八国（今千叶、茨城、群马、栃木、埼玉、东京、山梨、神奈川、静冈等地）的新国司，最后自称"新皇"，宣布关东独立，一时间势如破竹。但是，担任押领使（平叛部队指挥官）的贞盛和下野武士藤原秀乡还在继续抵抗将门的进攻。朝廷方面终于感到危机，任命藤原忠文为征东大将军，前去讨伐平将门。然而，在军队到达前，叛乱就已经平息了。

当时正值播种时节，将门暂时解散了部队。贞盛和秀乡瞅准时机，率大军袭击将门位于下总国的据点。兵力不多的将门利用风向勇猛作战，但最终被神射手藤原秀乡一箭射杀。至此，将门创立的席卷关东八州的国家灭亡了。

战后 东西方战乱后武士崛起

同一时期，日本还发生了藤原纯友之乱。当时，濑户内海贫困的渔民们结成了海盗团伙，原本纯友是要去消灭他们的。但面对少得可怜的封赏，纯友说了一句"这还得了？"，索性自己当起了海盗头子。天庆四年（941），纯友在博多港为小野好古所败，后于返回大本营的途中被杀。

这两场叛乱使京城里的贵族们宛如热锅上的蚂蚁，后世合称承平·天庆之乱。曾有说法表示，两人相继叛乱是合谋后的结果，但是没有确切的证据。

承平·天庆之乱成为平安时代后期"武士崛起"的开端。
藤原秀乡开创了奥州（陆奥国）藤原氏，平贞盛所在的伊势平氏培养了权倾朝野的平清盛，参与镇压叛乱的源经基的子孙中，则出了镰仓幕府的建立者源赖朝。

初期将门之所以能快速取胜，是因为行军迅速且存在感不高。而自称新皇后，就开始变得显眼了。另外，组织力不强也是他的软肋之一。

超译解说 平将门之乱的教训

将门所属的坂东平氏，是名门的分支。和早在平安时代初期就确立地位的藤原氏相比，他们是尚处在创业期的新兴名门。将门是当中最有实力，也是最富领袖魅力的人。

如此优秀的将门，其失败的原因就是在势力处于顶盛之时，偏要自称"新皇"。这就好比创业期的企业管理者为了获得关注，贸然自称是"业界的新一哥"，要建立"新的经济组织"一样。即便是现在，也很少有人这么做。就连支持者，也时不时会担心这种托大之词。

平将门在战役开始时之所以能够成功，是因为其所处之地山高皇帝远。京城里的贵族们都认为这只是"地方豪族的私斗"，所以并没有深入关注。结果，平将门就这么发表了独立宣言。成为出头鸟的将门，必定会受到打压。就算能够战胜平贞盛，也绝对逃不过朝廷的镇压，就像藤原纯友那样。

而且，在播种之时，就只能解散军队。在这种状态下肯定是无法应战的。即便个人魅力再高，如果没有能够扎实理解和辅佐自己的部下，或是能够并肩作战的战友，肯定是要失败的。对于将门而言，他还需要花点时间来巩固组织啊。

平忠常之乱

大决战前胜负已分
河内源氏之祖立了大功

场	安房国（今千叶县）	**数**	不明
战	平忠常 vs 平直方	**原**	平氏内部的领地所有权争斗
键	源赖信	**结**	平忠常投降，后病死
死	平忠常	**损**	安房国府以及田园二万町被破坏

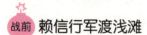

战前 赖信行军渡浅滩

平将门之乱平息后，坂东平氏内部的纷争并未停止。打倒将门的平贞盛一族与盘踞在下总国（今千叶县）的平良文一族不断地进行着争斗。

长和五年（1016），良文之孙忠常在常陆国（今茨城县）与平惟基展开了小规模的战斗，常陆国国司源赖信率兵支援惟基。赖信和哥哥赖光都是侍奉藤原道长的实力派。

如今，茨城县有一个名叫霞之浦的大湖，在当时这一带有着很多交错的内陆海。忠常就在内海附近藏好船只，准备阻止赖信的进攻。

但是，**赖信军却跨过一段本是家族相传的浅滩秘道，向忠常进军**。忠常大为意外，非常惊讶，眼见胜利无望，只好向赖信投降，答应称臣。

赖信为人宽宏大量，赦免了忠常，但忠常依旧不死心。

长元元年（1028）6月，平忠常袭击了安房国国府。
在杀害国司平惟忠后，忠常虎视眈眈，寻找着下一个机会。

关白藤原赖通认为此次事件属于叛乱，命令平直方予
以镇压。直方属于坂东平氏中平贞盛一脉，与忠常可谓是
仇敌。忠常希望"打倒这个碍事的家伙，夺得平氏一门的
主导权"。

直方与赖通交情很好，但不太会打仗，忠常并不把他
放在眼里。在袭击上总国国府之后，忠常第二次攻打安房
国府。这一次他赶跑了国司藤原光业，得到了国司的官印，
获得了此地的支配权。

当时，双方为了削减敌方的生产力，往往会采取烧毁
耕田的做法。因此忠常所到之处，田园一片荒芜。据参议
源经赖留下的《左经记》记载，上总国共有耕田二万町以

上，待平忠常之乱平息后仅余十八町。（一町约为一万平方米）

叛乱走向了长期化，又因为直方没能拿出什么战果，所以曾经降伏忠常的源赖信再一次负责平叛。当时，源赖信是甲斐国（今山梨县）的国司。

赖信一出现，忠常很快就投降了。在被押解回京的途中，忠常于美浓国（今岐阜县）病死。实际上，当时忠常的势力也在逐渐衰退。在见到赖信后，忠常或许是觉得自己在赖信面前毫无胜算，于是便轻而易举地选择了投降。

战后 源平两氏出乎意料地交情不错

于是，平乱之后的源赖信成为河内国（今大阪府）的国司。赖信的子孙，就是源氏一脉中的河内源氏。

直方认可赖信的势力，将自己的女儿嫁给了赖信的儿子赖义。**最终这一支以源氏血脉为主的势力在关东得以开花结果，成为后世镰仓幕府的基础。**

另外，忠常之子常昌也被免了罪，依然住在上总国。常昌的子孙成为上总氏和千叶氏。后来千叶氏协助源赖朝举兵，成为下总国守护。

从这些情况中我们可以得知，当时源氏和平氏的关系是很亲密的。双方只是在平安时代的末期才产生了矛盾，这差不多是 150 年之后的事了。

叛乱走向长期化的原因是用人不慎。如果藤原赖通最初就起用源赖信的话，那么很快就可以解决了。

超译解说 平忠常之乱的教训

由于领导的判断失误，本来很简单的问题却越来越严重。这在任何时代，任何组织中都是有可能发生的。我们经常说把合适的人放到合适的位置上，不管什么事都要让擅长做的人去做。虽然忠常的能征善战也是战火蔓延了 3 年的原因之一，但是藤原赖通不熟悉现场环境，用人不慎才是最大问题所在。

实际上，朝廷在得知忠常叛乱之后，打算立刻派遣曾经降伏过忠常的源赖信去镇压。但是赖通却说："既然直方已经毛遂自荐，不如让他去吧。"

虽然利用族中矛盾的想法并没错，但是赖通并没考虑让赖信随行。可能他太过拘泥于前例，认为曾经镇压平将门之乱的也是坂东平氏的自己人平贞盛。

另外，忠常之乱是藤原道长去世不久后发生的。当时赖通才 30 多岁，可能也是为了凸显与父亲道长的不同之处，所以他才要坚持自己挑选人才。

即便如此，源赖信只是露个面就能降伏敌人，其威严可想而知。作为解决问题的人选，他实在无可挑剔。

前九年之役

朝廷漠不关心
东北"城头变幻大王旗"

场	陆奥国（今岩手县）	**数**	约1.3万人（源赖义清原氏）vs不明（安倍氏）
战	源赖义·清原氏 vs 安倍氏	**原**	陆奥国司与安倍氏的冲突
键	清原武则	**结**	安倍氏覆灭
死	安倍赖时，安倍贞任	**损**	不明

战前 忌惮国司威严，豪族选择改名

　　11世纪中叶，朝廷的威权开始衰落。在陆奥国则有一支收服周边虾夷部落的豪族安倍氏。相传安倍氏是虾夷人的后代，但也有说法表示安倍氏是朝廷派遣至此地的官员子孙，而后者尤为可信。

　　统领安倍氏的安倍赖良无法无天，公然拒绝纳税，这当然促成了其与陆奥国司藤原登任的冲突。永承六年（1051），登任率领数千士兵攻打赖良，但是在鬼切部（今宫城县鸣子町）被赖良击败。

　　朝廷确实着急，派遣源赖义取代登任成为新的陆奥国司。赖义是平定平忠常之乱的源赖信的儿子。此事过后不久，已出家的前皇后藤原彰子为了祈求病愈大赦天下，赖良也在赦免之列，并且发誓效忠新国司。由于赖义和赖良的发音都是"YORIYOSHI"，为了避讳，赖良将自己的名

清原武则

我在这里!

烦死了，你们这群混蛋!

赖义是我们的敌人!

藤原经清

字改为赖时。可见源氏的威势的确毋庸置疑。

战局 贞任还会写和歌

天喜四年（1056），陆奥国府的官员藤原说贞之子遇袭，而赖时之子贞任最有嫌疑。赖时包庇贞任，打算与国府展开对决。

事情一出，源赖义向朝廷申请讨伐安倍氏，但兵力尚且不足。而且赖义与部下藤原经清（讨伐平将门的藤原秀乡的子孙）不和，在行军途中经清竟然向安倍氏倒戈了。

两者势均力敌，彼进我退，彼退我进。天喜五年（1057），赖时战死。于是擅长领兵的贞任成为新一代指挥官，继续抵抗朝廷军。在黄海（今岩手县一关市），贞任浴血奋战，竟然打退了源赖义。

陷入苦战的**赖义说服了与安倍氏齐名、却一直保持中立的豪强清原武则**，二人并肩作战。

赖义本来拥有 3000 人，而武则率领 1 万人支援赖义。这支联军在康平五年（1062）9 月的衣川关打败了贞任。追击贞任时，赖义之子义家吟咏出下半句和歌"衣里缝丝已破损"（衣のたてはほころびにけり。其中"たて"一语多关，既表示衣裳的缝丝，也表示盾牌以及城池），而贞任随即淡定对出了上半句"连年旧衣乱不已"（年を経し糸のみだれのくるしさに）。顺便说一点，相传贞任身高约 180 厘米，体形壮实，这在当时已经算是巨人了。

之后，赖义和武则包围了安倍氏的据点厨川（今岩手县盛冈市），发动最后的攻击。然而在安倍氏的激烈抵抗下，数百人战死。赖义从附近的民居中拆下木材，点上火，朝着安倍氏的基地抛射过去。而武则则故意在一个地方放松了包围，等到安倍军意图突围逃跑时，再发动集中攻击。两人的战术多种多样。最后，贞任战死，战争结束后倒戈安倍氏的经清也被处决。这一连串的战役，史称"前九年之役"。

战后 出动大军的清原氏夺得首功

镇压安倍氏后，朝廷表彰赖义，并封其为伊予国（今爱媛县）的国司。而给予援手的武则被任命为统治东北全境的镇守府将军。

看看兵力数量就能明白，比起赖义，武则的功劳实际上更大，这从战后的封赏中也能看出来。赖义主张讨伐安倍氏，但朝廷将这场战斗视为地方官与地方豪族的私斗，所以并不积极支持。也有人认为，赖义扩大战局实在是毫无道理。

半小时读懂日本战乱极简史

决定胜负的关键

> 源赖义的胜利源自与清原氏休戚与共的同盟，不盲目地单打独斗是他的高明之处。

超译解说 前九年之役的教训

前九年之役因武力卓绝的八幡太郎义家与贞任一决胜负的战斗而广为人知。然而赖义之所以能够胜利，是因为他拉拢清原氏作为盟友。赖义向清原氏赠送了许多礼物，并且答应事成之后帮忙在朝廷面前表功，最终成功结盟。

而清原氏在安倍氏覆灭之后，接管了安倍氏原有的领地，也就是说赖义和清原氏的利益实际上是一致的。

反过来讲，安倍氏失败的原因，是没有先赖义一步拉拢清原氏。到底应该与谁组建利益共同体，安倍氏没能看明白。

另外，详细记载前九年之役的《陆奥话记》一书表示把安倍氏赶尽杀绝的是赖义。不过现在一般认为这是为了强调源氏的武勋从而进行的虚构创作。

实际上赖义在开战伊始并没拿出什么过人的办法。当时围绕安倍贞任的嫌疑问题，而与赖时所起的冲突，其实存在能够回旋的余地。而藤原经清背叛的原因之一，则是从京城来的赖义并不信任经清这些地头蛇。

从这些事情上，我们或许能够理解为什么当初朝廷会把这场叛乱仅仅视为"因国司管理不善，而导致的地方豪族间的小规模战斗"吧。

后三年之役

1083—1087 年　平安时代

经历了东北武士的"私斗"
奥州藤原氏确立了基础

场	陆奥国（今岩手县、秋田县）	**数**	不明
战	清原清衡（藤原清衡）vs 清原家衡	**原**	清原氏的内部纷争
键	源义家	**结**	清原清衡胜利，并独占清原氏领地
死	清原真衡，清原家衡	**损**	不明

战前 异父异母的三兄弟

前九年之役后，清原氏夺取了安倍氏的领地，成为东北最大的势力。然而，永保三年（1083），清原氏发生了内乱。

在清原武则的孙子辈当中，担任领袖的是真衡。真衡看不起姑父吉彦秀武，在两者矛盾渐起之时，真衡的弟弟清衡和家衡，不满哥哥一直以来的颐指气使，于是和秀武结了盟。

这三兄弟的关系堪称复杂。真衡和两个弟弟不是一母所生。清衡、家衡的母亲来自安倍氏，就是前九年之役中委身安倍氏的藤原经清的妻子。清衡的父亲就是经清，他身上流着藤原氏的血。

也就是说，**三人虽然是兄弟，却是异父异母的兄弟。**

在这场内部纷争中，源赖义的儿子义家作为陆奥守，与真衡站在了一起。真衡虽然获得了强力的后援，然而开战后不久就在军中病死了。结果，在义家的调停下，清原氏的领地由清衡和家衡进行分割，这为后来的战斗留下了伏笔。

⚔ 战局 利用"专座"鼓舞将士

对领地的分割抱有不满的家衡于应德三年（1086）夏天，袭击了清衡的宅邸，并杀害了清衡的妻子。本来已经把问题解决的义家重新担责，这一次帮助了清衡。两人一同包围了家衡的据点沼栅（今秋田县横手市）。

然而，粮草不足，加上寒冬将至，清衡的士兵一个接一个地倒下了，不得已清衡只能撤退。而对面警惕清衡进攻的家衡，于第二年，将据点移至防备更加坚固的金泽栅（今秋田县横手市），准备抵抗到底。

义家认为应当尽早结束这种混乱情况，希望朝廷给予援助。然而朝廷认为"家衡并未造反，地方豪族之间的事我们管不着"，没有认真对待。不过即便如此，义家的弟弟义光还是从京城离职，马不停蹄地奔赴东北。

战斗走向长期化，而义家为了鼓舞士气用尽了办法。比如让勇猛作战的人坐在"勇猛座"上，而让胆小的人坐在"胆小座"上。**采取彻底的成果主义，用可见的奖惩来激励士气。**

最终，义家与清衡放弃正面强攻的方式，改为夺取粮草。于是一到冬天，家衡便投降了。义光建议"既然投降了就饶他一命"，但义家为了不留祸根，最终将家衡斩首。

战后 奥州藤原氏成为实质上的独立王国

朝廷将义家所介入的一系列战争看作是地方豪族的"私斗"，所以战争结束后并未进行封赏。

义家无奈，只得拿出自己的钱财来褒奖部下。虽然这是迫不得已之举，**但导致了独立于朝廷的源氏武士团的成立。**

在义家支援下获胜的清衡，夺得了包括安倍氏的旧地在内的广袤领地。之后他改回了亲生父亲的姓。这标志着奥州藤原氏的诞生。

奥州藤原氏所辖的北上川流域是平安时代日本著名的沙金产地，其中心平泉作为商业都市非常繁荣。自此东北迎来了奥州藤原氏统治的时代，从"虾夷的土地"变成了"日本国的一部分"。

决定胜负的关键

> 义家懂得激励部下的斗志，并且战后处置也比较妥当，所以为自己打造了一支独立的队伍。

超译解说 后三年之役的教训

作为源氏霸业的奠基人，没想到源义家竟然这么辛苦。在这场战争中，当初的盟友真衡突然去世使得他在后续的领地分配斗争中转而支持对手清衡。此时他可能还没有看清战争最后的结局。

不过义家的优点是"既然已做决定，就要一以贯之"。虽然情况一直不利，然而他引入奖励机制维持了部下的士气。在战争终盘优先解决问题，并且不采用正面强攻，而是选择烧毁粮草的战术也是其胜利原因之一。

不过上述策略都不及义家在战后处置上的手段高明。实际上战后义家陆奥守的官位被褫夺，不论义家本意如何，"自掏腰包赏赐部下"一举，加强了部下对义家个人而不是对朝廷的忠心。此事有助于打造"源氏＝武家栋梁"的口碑，并流传后世。

清衡为了摆脱"乡下豪族"的标签，舍弃了清原氏之名，改回藤原氏，成功建立了权威。在一族之中脱颖而出的清衡，也是一位洞悉时势的优秀首领，不论在战场上还是在组织建设上，他都有自己巧妙的办法。

由剑到刀，日本刀的演变

日本刀流行已久，然而刀到底是从什么时候开始广泛使用的呢？在古代，大家都是用剑。中国传过来的剑，两面开刃，通体笔直，主要通过"直刺"来攻击。也就是说，在以剑为主的打斗中，双方的战斗方式就是"捅来捅去"。

现在日本刀的形状定型于平安时代后半期，它单面开刃，带有一些弯曲，所以攻击方法自然就是"劈砍"。在武士登场之后，刀马上就作为一种实战武器普及开来，还产生了"刀匠"这一职业。那个时候的刀，为了配合骑兵作战，一般都是单手使用。

镰仓时代，刀的尺寸逐渐增大，称为"太刀"。南北朝时代达到最大，被称为"大太刀"。

之后的室町时代乃至战国时代，战争逐步从马战转变为步兵集团战，为了手中兵器便于操控，刀身较细的"打刀"成为主流，一直流行到明治时代。

到了江户时代，刀不再用于实战，多被用来鉴赏和收藏。人们开始追求外观的美感，锻刀和冶刀成为传统工艺。

Chapter 2

从源平争霸
到镰仓幕府的崩溃

保元之乱

平治之乱

俱利伽罗峠之战

坛之浦之战

奥州之战

和田之战

承久之乱

弘安之役

霜月骚动

元弘之变

千早城之战

中先代之乱

保元之乱

武家卷入了政治斗争
战火燃烧在平安京的深夜

场	平安京（今京都府）	**数**	600 人（后白河天皇军）vs 不明（崇德上皇军）
战	后白河天皇 vs 崇德上皇	**原**	皇室和藤原氏的纷争
键	藤原赖长	**结**	崇德上皇失败
死	平忠正，源为义	**损**	白河北殿被焚毁

战前 上皇，天皇，摄关家……相互敌对

　　平安时代后期，因开创院政而广为人知的白河法皇，为了让自己的儿子、孙子、曾孙都能继位天皇，在政治上动作频繁。白河法皇去世之时，握有实权的是孙子鸟羽上皇。而鸟羽上皇之子崇德天皇传闻是白河法皇和鸟羽上皇的皇后待贤门院所生。如果这是事实的话，那么崇德天皇就是在白河法皇 46 岁，待贤门院 18 岁时出生的。

　　三人成虎，鸟羽上皇自然不待见崇德天皇。他逼迫崇德天皇让位于弟弟近卫天皇。然而近卫天皇早夭，鸟羽上皇又让崇德天皇的另一弟弟后白河天皇继位。

　　因父亲的嫌恶，崇德天皇被逼退位，成为上皇。对于父亲"偏偏讨厌自己"一事，他心中多有不满。

　　院政的开始，代表着以藤原氏为核心的摄关政治的终结。 不过，藤原氏的忠通与赖长两兄弟也产生了矛盾。赖

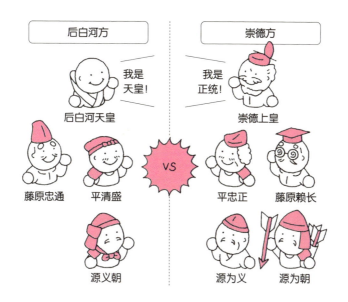

长虽是次子，但博学，于是父亲把族长之位传给了他。

⚔ 战局 父子反目，兄弟成仇

　　崇德上皇与赖长联手，希望打倒后白河天皇和忠通。具体交战毕竟还是武士的活儿，于是双方都在争抢源、平二氏的武士加入自己阵营。个中关系较为复杂，可以参考上图。

　　平氏的忠正和清盛是叔侄关系，源氏的为义和义朝则是父子，义朝和为朝是兄弟。当时的武士并非整个家族统一步调，而是以个人为单位，分别与皇族和藤原氏缔结主从关系，所以产生了上述让人匪夷所思的家族内部矛盾。顺道说一句，当时有传闻说清盛是白河法皇的私生子。

　　保元元年（1156）7月，鸟羽上皇去世后，双方矛盾终于不可调和。后白河方在高松殿集结部队，而崇德方则在白河殿枕戈待旦，战争一触即发。

崇德方兵力处于劣势，为朝提议夜袭敌军，然而赖长拒绝，决定等待援军到来。为朝的提案或许才是胜利的关键，**但崇德方的败笔就在于让不懂战争的贵族指挥作战。**

相反，后白河方打算夜里突袭。平清盛率领 300 人、源义朝率领 200 人、源义康率领 100 人，分别从三个方向攻打崇德方所在的白河北殿。崇德方拼死抵抗，神射手为朝还留下了一箭射死两人的英勇事迹。经历了 4 个小时的战斗后，白河北殿被焚毁，后白河方取得了胜利。

战后 下场悲惨的崇德上皇

战败的崇德上皇被流放到赞岐国（今香川县），在郁郁不得志中死去。他的一生既不被祖父（也可能是父亲）白河法皇疼爱，也不被父亲（也可能不是父亲）鸟羽上皇爱惜，实在是悲惨至极。相传由于上皇的怨念很深，他死后化为怨灵，不停地诅咒皇室以及平氏。

崇德方的赖长也在战斗中被射杀，忠正和为义被处死，为朝则被流放至伊豆大岛。

两年后，后白河天皇让位给儿子二条天皇，成为上皇，开始了院政。另外，**清盛和义朝分别成为平氏和源氏的领军人物，**开始了新的争斗。

崇德方不听从专家建议，当然是赢不了的。被败者连累的武士则更加倒霉。

超译解说 保元之乱的教训

　　回顾战斗的过程，后白河方的胜利是必然的。兵力占据多数，坚决实行崇德方曾犹豫不决的夜袭，分三个方向围攻敌方本营，毫不留情地放火烧殿。以至于在外人看来，都会感叹："做得这么绝？"

　　结合之后发生的事件以及处事谋略来看，我们可以说后白河天皇是个为达目的不择手段的马基雅维利主义者。

　　藤原赖长认为夜袭很卑劣而未采用，或许是自己当时并没有实权，所以很在意外界的风评。另外，赖长是在京都长大的贵族，缺少实战经验，不明白仗该怎么打。对于战斗专家来说，夜袭、火攻都是确保胜利的手段。不知道当时为朝提出宝贵建议而被驳回后心里是怎么想的。

　　当时日本政治中心的混乱由此可见一斑。实战过后的平清盛却因此有了另一番想法，他认为"皇族和贵族都腐朽了"。保元之乱后，唯有清盛能够迅速崛起并掌握实权，或许也是因为上述的一番考虑吧。

平治之乱

平清盛一人独大
政变演化成战乱

场	平安京（今京都府）	**数**	约3000人（平氏）vs约800人（源氏）
战	后白河上皇、平氏 vs 藤原信赖、源氏	**原**	后白河上皇心腹间的纷争
键	信西（藤原通宪）	**结**	后白河上皇与平氏的胜利
死	源义朝	**损**	平安京三条殿被焚毁

★ 战前　上皇近臣之间的权力纷争

在保元之乱前，后白河上皇的近臣当中有个叫信西（俗名藤原通宪）的僧人。信西的妻子是上皇的奶娘，因此备受上皇信赖。

然而**保元之乱后，年轻的藤原信赖受到上皇的宠爱而迅速发迹**。有人说后白河上皇宠爱信赖是因为两人之间有同性恋情的关系，但信赖的确是个能人，他游走在源氏和平氏之间，都有沟通渠道。

武士之间的氛围也逐渐变得不安定，在保元之乱中英勇奋战的源义朝对于赏赐过少一事愤愤不平。在此背景之下，矛盾渐渐显现出来。信赖拉拢义朝，希望两人能够一同除掉阻碍两人官运的信西。此时，希望上皇能够将实权还给二条天皇的藤原经宗与藤原惟方也与信西产生了矛盾，故此接近了信赖。

对于"反信西和后白河上皇"的联军而言，共同的威胁是"上皇的保镖"平清盛。平清盛不仅能征善战，而且为官有道。平清盛深受上皇信赖，存在感不可谓不强。

但清盛本人于平治元年（1159）12月仅带领少数部下参拜熊野三山，离开了京城。深感"机不可失"的信赖与义朝，对三条殿发动了突然袭击，抓走了后白河上皇和二条天皇，并将他俩囚禁在皇宫内。信西在自己家也遭到了袭击，他本想逃跑，最后未摆脱追击，还是自杀了。

当时，在外的清盛犹豫"要不要逃到九州去"，但之后清盛得到西国武士的大力帮助，掉转枪头，返回了京城，对阵义朝。

在此期间，信赖与经宗、惟方发生了内讧。瞅准时机的清盛拉拢了经宗与惟方，让二条天皇通过穿女装成功逃出皇宫。后白河上皇也被安全救出。于是，清盛成为"王师"。

上皇和天皇相继被抢，使得义朝深深地后悔相信信赖这个"日本第一蠢货"。 确实，权力欲很强的信赖中看不中用。

之后，清盛对义朝在宫中的大本营进行了一次围剿，之后诈败至三条河原附近，并在那里大败追击而来的义朝军。义朝便向东日本逃跑，一度跑到了尾张国（今爱知县），但因部下背叛而丧命。

信赖则被处死了。经宗、惟方虽然帮助了清盛，但二人被后白河上皇追究致信西身死的罪责，最终失势。

战后 谁也没想到清盛赢者通吃

铲除了竞争对手后，清盛在朝廷确立了无可动摇的地位。河内源氏首魁源义朝的手下党羽则是被处死的处死、被流放的流放。义朝的嫡子赖朝本来落入敌手，然而清盛的养母池禅尼出言保护，改为流放伊豆。后来，清盛十分后悔当初没有除掉赖朝。

信西、信赖等后白河上皇身边的红人接连倒下，最后形成了清盛一人独大的局面。

清盛史无前例地以武士之身成为公卿，将女儿建礼门院德子嫁给高仓天皇，与皇室结为亲家，最后更是就任相当于最高行政长官的太政大臣。

这样一来，**平氏（平清盛一脉）便全面掌握政治实权。** 藤原氏等以前的实力派曾密谋打倒清盛，但被清盛先发制人，尽数铲除了敌对势力，并构建了实质上的独裁体制。

> 平清盛冷静分析现状，夺取了最高权力。不仅打败了政敌，甚至在后来还架空了后白河上皇。

超译解说 平治之乱的教训

平治之乱的前半部分对于清盛而言就是走钢丝。当藤原信赖、源义朝集团起事之时，在熊野的清盛身边的部下不过 20 人。但是清盛获得了纪伊国（今和歌山县）豪强汤浅宗重等人的帮助。

说得直白些，清盛的胜因在于把后白河上皇和二条天皇抢到手。当然之前他拉拢藤原经宗和藤原惟方二人也是很重要的。经宗、惟方二人本来只是希望后白河上皇能够将权力移交给二条天皇，并未想过使用武力解决。

相反，义朝方失败的原因：第一是没能周密地监视上皇与天皇；第二则是政变本是密谋行动的性质，导致义朝无法公开集结军队。

清盛将决战地点选在三条河原的原因历来众说纷纭。但他最终消灭了义朝的军队而不波及皇宫，带兵打仗的能力自不必多言，还能够把握敌人内部的人际关系，表明了清盛软硬兼施的战术十分奏效。

另外，清盛最后赢得了胜利，而后白河上皇却失去了大部分心腹，甚至上皇自身的存在感也被削弱。这难道是偶然吗？从清盛的实力来看，他应该是有意为之的。

俱利伽罗峠之战

1183 年　平安时代

对平氏不满的声音集结在一起
源氏开始转守为攻

场	俱利伽罗峠（今石川县及富山县）	**数**	约5000人（源氏军）vs 约7万人（平氏军）
战	源氏 vs 平氏	**原**	以仁王颁布令旨
键	源义仲	**结**	平氏大败
死	不明	**损**	不明

战前 清盛的野心与悔恨

　　平治之乱结束后，平清盛在朝中的存在感与日俱增，与后白河法皇的关系也不断恶化。安元三年（1177）6月，后白河法皇的心腹们召开了打倒平氏（平清盛一脉）的秘密会议，但之后清盛逮捕并杀害了该秘密会议的发起人。

　　3年后，清盛将女儿建礼门院德子所生的儿子立为天皇，是为安德天皇。平氏可谓是到达了荣华富贵的顶点。

　　然而，以仁王（后白河法皇的第三皇子）率先打出了反抗的旗号。没能坐上天皇宝座的以仁王颁布令旨（皇族的官方命令），号召全国"打倒平氏！"。只不过在与平氏的战斗中，以仁王本人和源赖政一道在京都的宇治桥兵败身死。

　　即便如此，**各地不断有反抗平氏的势力举兵，当年逃过一死的源赖朝便在其中。**清盛仓皇中急忙差遣孙子维盛担任总大将，率领数万兵马奔赴东边。

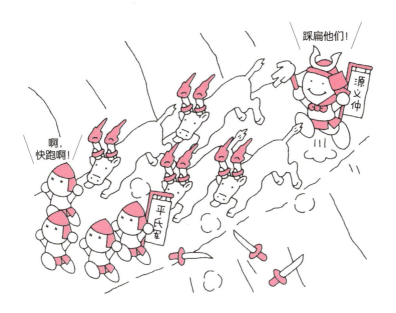

但平氏军因为士气低落及粮草不足，战斗力并不高。在富士川（今静冈县）听到水鸟拍打翅膀的声音顿觉风声鹤唳，竟然不战自溃。

治承五年（1181），清盛去世。没有了强大的领袖，且恰逢西日本遭遇了大饥荒，平氏的处境雪上加霜。

战局 义仲设计让大军跌落谷底

在以仁王的号令下站出来的源氏一门中，有个叫源义仲的。在木曾谷举兵的义仲，于信浓国（今长野县）的横田河源一役打败了平氏的势力。

维盛意在消灭义仲，于是在寿永二年（1183）6月率大军征讨信浓。两军在越中国（今富山县）与加贺国（今石川县）的国境处一个叫俱利伽罗峠的地方交战。平氏有约 7 万人，而义仲只有约 5000 人。

人数处于劣势的义仲选择在山谷以逸待劳，展开奇袭，这是最基本的兵法。在狭长的山路上只能进行小规模的作战，人数优势完全没有作用。于是义仲军白天蛰伏，夜间趁平氏军休息的时候开始袭击，将平氏军逼落悬崖。

另外，据《源平盛衰记》记载，义仲将火把绑在牛角上，向敌方施展了"火牛阵"，但这似乎并非史实。但义仲的奇袭对平氏军的打击肯定是毁灭性的。之后想要逃跑的平氏军又遇上了义仲的别动队，立刻就陷入了大混乱。**据传约 7 万人的平氏军，最后逃出来的只有 2000 人左右。**

战后 占据了京都却遭到了法皇的嫌弃

义仲乘胜追击，直接攻向京城。处于劣势的平氏带着安德天皇逃往西边。如此，义仲成为源氏一门中最早进入京城的人。

然而，义仲军存在着重大的问题，那就是来到京都后的军纪。经历了多次战斗后的义仲军又饿又乏，开始大肆劫掠。一开始对义仲持欢迎态度的后白河法皇，也向关东的源赖朝表示："我任命你当东边的领导，把这些人给我解决掉。"义仲听闻消息后，反心十分强烈。他逮捕了法皇，强逼法皇封自己为征东大将军（与征夷大将军基本上平级）。

源赖朝没想到法皇竟然会给自己下命令，**他派遣弟弟范赖和义经前去京都讨伐义仲**，他们相当于源氏的正规军。而义仲那边不断发生叛逃事件，最终义仲战败而亡。距离俱利伽罗峠的战斗，仅仅才过去半年左右。

> 两军的动机和大将间的实力差距是决定因素。只不过义仲除了会打仗之外，一无所长。

超译解说 俱利伽罗峠之战的教训

俱利伽罗峠之战中，义仲军主要的胜因就是最大限度地利用主场的地形优势。另外，在富士川、俱利伽罗峠中接连失败的平维盛，显然没有大将才能。

若是深入敌境作战，至少要了解周围的地理环境。长途奔袭导致士气低落确实是没办法的事，但是没能拿出有效战术也导致了平氏军的失败。

胜利者义仲虽然精于领兵作战，但毫无政治手腕。毕竟京都这个地方对外地人非常冷淡，皇族、贵族乃至平民都只认为义仲的军队是乡野鄙夫而已。

而且义仲过于轻视后白河法皇。作为天生的谋略家，后白河法皇在义仲入京后，马上对赖朝下达了追讨命令。如果当初义仲能够明白法皇的厉害之处，即便是表面上的服从，还是有必要装一下的。

后世将以仁王令旨引出的一系列战斗，称为治承·寿永之乱。此间虽然平氏一方遭到了毁灭性打击，但源氏内部也在发生着围绕主导权的争斗。

后白河法皇不希望让源氏独吞战果。所以，治承·寿永之乱表面上的胜利者是源赖朝，但幕后获利的，或许就是在赶走平氏的同时削弱源氏的后白河法皇，这也未可知。

坛之浦之战

骄兵必败
平氏一门与安德天皇葬身茫茫大海

场	长门国（今山口县）	**数**	约830人（源氏军）vs 约500人（平氏军）
战	源氏 vs 平氏	**原**	源氏对平氏的讨伐
键	源义经	**结**	平氏被消灭，安德天皇溺死
死	安德天皇，平知盛	**损**	三神器中的草薙剑落水

☆ 战前 期待和平的平氏大受打击

俱利伽罗峠之战以后，后白河法皇拥立安德天皇的弟弟，是为后鸟羽天皇。自此，与法皇联手的源赖朝等人成为王师，而平氏沦为叛贼。

趁着源赖朝和源义仲战斗的当口，平氏聚集了西日本的家族势力，企图东山再起。寿永三年（1184），解决了义仲的赖朝，派遣弟弟范赖和义经讨伐平氏。他们与由平知盛、平忠度所率领的，企图占领京都的平氏军在平氏大本营福原（今兵库县）附近的一之谷对垒。

此时，后白河法皇发来了"希望两军修好"的诏谕，**平氏军解除了武装，而源氏的前线部队却直接杀向了平氏。**这封停战诏谕的真相直至现在依然不明。此役中义经等人策马冲下一处叫鹈越的陡峭斜坡，驱散了没有防备的平氏军。这就是所谓"鹈越大冲击"的故事，只不过至今鹈越

的所在地仍然无法确定。

　　受到了巨大打击的平氏军乘船逃往赞岐国（今香川县），又在屋岛吃了败仗，最后只能领着安德天皇一路向西。

战局 平氏一门葬身关门海峡

　　由于源范赖率领部队先一步控制了九州，走投无路的平氏军选择在正对关门海峡的坛之浦与源氏军展开决战。虽然之前一直失败，但平氏军擅长海战。所以他们希望在海边构建最终防线，并且意图逆转预势。

　　元历二年（1185）3月24日早上，决战终于打响了。《平家物语》中说到，当时海流的流向对平氏军有利，然而**午后海流开始回流，战场形势逐渐逆转**。但源氏之所以能够胜利，并非只是海流的作用。他们还拉拢了纪州（今和歌山县）的熊野水军和濑户内海的河野水军等，拥有实力非凡的大型船队。

另一方面，平氏军实行诱敌战术，将一艘满载伏兵的船伪装成安德天皇乘坐的样子。可惜大将田口成良背叛了平氏军，将平氏的作战意图泄露给了源氏一方。

相传此役中被称为"战斗天才"的源义经，专门朝对方的船夫和水手等非战斗人员放箭，企图扰乱平氏行船。但这其实已经是战斗最后阶段的事情了，对整个战局并没有太大的影响。

临近傍晚，平氏处于劣势，重要人物为了避免被逮捕，纷纷选择跳海自尽。清盛的正室时子抱着安德天皇跳海，而平氏实质上的司令官平知盛看到眼前如此惨状，也随着一同跳了海。据说他把船锚绑在身上，沉到了海底。

战后 获胜的赖朝又有了新的不安定因素

战后，被救起的平氏当家平宗盛投降源氏，但最终依然被判处死刑。而安德天皇的母亲建礼门院德子被大家救了回来，余生都在凭吊平氏一门和安德天皇中度过。极尽荣华的平氏，只在清盛死后 4 年，就烟消云散了。

虽然源氏取得了全面胜利，但是作为皇位象征的"三神器"中的草薙剑在战斗中掉落大海。为了证明后鸟羽天皇的正统地位，必须把草薙剑找回。所以，这对源氏而言很是为难。**在赖朝看来，没能拿回草薙剑都是义经的过错。**

这件事使得赖朝和义经之间产生嫌隙，而后白河法皇希望利用此事重新夺回权力。

> 在清盛的长子，同时也是平氏与后白河法皇的中间人平重盛去世后，平氏方寸尽乱。

超译解说 坛之浦之战的教训

在治承·寿永之乱的前半段，源赖朝虽然获得了优势，但仍未建立起完全的主导地位。但是，他出色地操控着全国上下反对平氏的势力，获得了最终的胜利。

由攻转守的平氏虽然仍有着强大的向心力，但是其顶梁柱，也就是清盛的第三子平宗盛欠缺领导才干，无法很好地驾驭门人与部众。本来当家的位子是要由清盛的长子重盛担任的，但是重盛却先于清盛去世。

即便海流的流向不变，笼络了西国水军的源氏士气依然高涨。在满腹韬略的司令源义经面前，平氏根本没有胜算。

平氏要想活下去，就必须与后白河法皇联手。然而由于在后白河法皇和平氏之间穿针引线的重盛早逝，平氏与法皇的沟通渠道断裂了。即便没有了实权，平氏也不应轻视法皇，纵然把法皇当作是交涉用的棋子，也应该与其保持良好的关系。不过，对于败象尽显的平氏，法皇是不会贸然伸出援手的。

失去了重盛这位新一代掌门人后，平氏仍然拿不出有效策略，灭亡已是板上钉钉的事实。

奥州之战

1189 年　平安时代

消灭后顾之忧的决断
源赖朝在"今天"打倒"明天"的敌人

场	厨川（今岩手县）	**数**	28 万人（源氏）vs 不明（奥州藤原氏）
战	源氏 vs 奥州藤原氏	**原**	源氏讨伐东北
键	源赖朝	**结**	奥州藤原氏灭亡
死	藤原泰衡	**损**	不明

战前　利用义经的后白河法皇

一之谷战役之后，在消灭平氏中立下大功的源义经未经哥哥赖朝的同意，从后白河法皇处得到了检非违使兼左卫门尉的官职。这便是兄弟决裂的开端。

坛之浦之战结束后，元历二年/寿永四年（1185），赖朝因为义经没能夺回草薙剑一事，不允许义经返回镰仓。

义经很不高兴，从后白河法皇那里拿到了讨伐赖朝的院宣（上皇的官方命令）。但是几乎没有人跟随他。相反，**赖朝来到京都强迫法皇下达了讨伐义经的院宣**。走投无路的义经，不得已只能投靠在源平争霸中一直作壁上观的藤原秀衡。

秀衡明白总有一日赖朝会进军东北，于是把义经保护起来，用以对抗赖朝。然而文治三年（1187），秀衡突然去世。秀衡死后，赖朝威胁秀衡的儿子泰衡，命令其抓住

义经，并将义经交给他，否则就要踏平奥州。恐惧之下，泰衡攻打了义经，这场战斗以义经的自杀而告终。

⚔ 赖朝重演了前九年之役

泰衡将义经的首级献给了镰仓方面，但**本就打算消灭藤原氏的赖朝自然不会满足于此**。于是，义经死后仅仅 3 个月，镰仓方面出动 28 万人的大军攻打奥州。

考虑到奥州藤原氏的抵抗，赖朝从太平洋沿岸、内陆以及日本海沿岸三个方向挥军北上。察觉战况不利的泰衡舍弃平泉逃走了。源军在一个月间轻而易举地占领了平泉。

逃跑的泰衡给赖朝写了一封信，辩解道："藏匿义经的是我父亲，和我没有任何关系，拜托饶了我吧。"而赖朝自然无视了这些，继续进军。

泰衡跑到了老家臣河田次郎那里，然而河田次郎背叛了泰衡并将之杀害。

赖朝对次郎表示，"你竟敢砍主人的头，是大大的不忠"，处决了次郎。泰衡背叛了义经，而次郎又背叛了泰衡。此一役中的相关人士都落了个悲惨的下场。

讨伐奥州基本上是源赖朝的私斗。因为义经死后，赖朝的进攻已经没有道义可言，后白河法皇也没有对赖朝下达讨伐奥州的命令。

尽管如此，为何赖朝坚决要攻打奥州？赖朝的先祖源赖义曾在前九年之役中消灭了奥州的豪族安倍氏，被称作"武家的栋梁"。而源赖朝则是要效仿先祖，树立自己的权威。在没有后白河法皇的许可下发兵进攻，最终获得了胜利，想必赖朝是意图证明法皇已经被时代淘汰。

战后 以讨伐义经为名目，镰仓幕府成立了

奥州之战的第二年，位于八郎潟的藤原氏遗臣大河兼任起兵对抗赖朝，然而旋即被消灭。自此以后，能与赖朝相抗衡的势力几乎消失殆尽。

赖朝在坛之浦之战结束后，以"搜捕叛贼义经"为名，广设守护、地头等职位，掌握了全国的警察权。因此**1185 年也被视为镰仓幕府成立之年。**

唯一能够抵抗赖朝的后白河法皇在建久三年（1192）去世。之后，后鸟羽天皇封赖朝为征夷大将军。

就这样，以赖朝为中心的武家时代开始了。但那只是一套由镰仓幕府统御武士、由京都朝廷统御贵族的二重权力体制而已。

决定胜负的关键

志在必得的赖朝，不堪重压的泰衡，两人唯有器量上的差距。

超译解说 奥州之战的教训

奥州之战是源赖朝夺取天下的最后一环。虽然义经一死，赖朝军就已经丧失了攻打的道义，但将士们仍然士气高涨。毕竟源氏的军队在开战之前就对胜利志在必得。

在奥州之战中，北陆的城长茂等以前隶属于平氏阵营的武将也纷纷参战。对于他们而言，这一战是能给赖朝留个好印象的最后机会。

奥州藤原氏的领袖泰衡犯了一个致命的错误。威震东北的父亲秀衡为了对抗赖朝选择了保护义经，制定了让义经镇守平泉这样出色的战略。就连秀衡死前也叮嘱泰衡"如果镰仓（赖朝）打来了，就跟着义经打回去"。泰衡虽然明白父亲的想法，但迫于压力，最终做出了遗憾之举。

另外，赖朝擅长判断时局动向，并仔细分析了平氏和后白河法皇失败的原因。按照现代的话说，他在目标制定以及任务管理等方面做得很扎实。

赖朝的总目标是夺取政权。他一面警惕着后白河法皇，一面与朝廷交涉，并且通过完成"讨伐平氏"这个中期目标，加固了政权稳定的基础。同时，对于义仲、义经以及藤原氏这些"虽然不是敌人但会对自己构成威胁"的势力，他也不失时机地予以铲除。

和田之战

源氏将军落幕引发权力争夺
北条氏凭借权谋获胜

场	由比滨（今神奈川县）	**数**	不明
战	北条氏 vs 和田氏	**原**	和田氏在北条氏的压迫下进行反抗
键	三浦义村	**结**	和田氏被消灭
死	和田义盛	**损**	将军御所被焚毁

战前 创业者死后，权力斗争此起彼伏

　　开创镰仓幕府的源赖朝于建久十年（1199）病逝，嫡子赖家继承了将军的官职。然而赖家是个连部下妻妾都能霸占的卑鄙小人，毫无声望可言。赖朝的妻子政子以及政子的父亲北条时政认为不可放任幕府灭亡，所以导入了合议制，由 13 名有实力的御家人（直属将军的大臣）共同维持体制的稳定。

　　成为合议人之后，老臣梶原景时与北条氏产生了全面的冲突。由于景时妄自尊大，很快他就被其他合议人驱逐出镰仓，最终身死族灭。

　　之后，因赖家患病，政子意图将实权移交给次子源实朝。但赖家的岳父比企能员对此强烈不满，开始盘算如何消灭北条氏。矛盾逐渐激化，建仁三年（1203），**北条时政杀害能员，灭了比企一族。之后将赖家移送到修禅寺，**

自己担任"执权"（行政官），并将 11 岁的实朝立为将军。

　　第二年，赖家就去世了，北条氏由此掌握了实权，但矛盾并未消除。

❎战局 义时的高压态度令和田氏奋起反抗

　　时政当时宠爱一名叫牧夫人的女性。这位牧夫人为人狠毒，为了消灭与自己支持的平贺朝雅所不和的畠山重忠，总是对时政吹枕头风，说"重忠要谋反"。元久二年（1205），重忠被消灭了。

　　之后，牧夫人又和时政说："下一任将军就让朝雅当吧。"**听闻这话的政子和弟弟北条义时觉得"老爹已经靠不住了"，便强制父亲时政出了家。**

　　之后义时就任第二代执权，与侍所（军事、警察部门）的长官和田义盛产生了矛盾。

　　事情是这样的。建历三年（1213）2 月，信浓国（今长野县）的御家人泉亲衡希望拥立赖家的遗子当将军，然而事情败露。作为从犯，和田义盛的儿子义直与义重以及侄子胤长等和田氏的族人大多被捕。如今也有说法表示，这场废立事件是北条义时的阴谋。

和田义盛大呼冤枉，于是义时放过了义直和义重，却把胤长认定为主犯，当着义盛的面交给了行刑官。义盛此人非常重视族中的团结，面对这一幕极其恼怒。他的愤怒，由此也转向了义时。

义盛与自己关系不错的御家人三浦义村联手，准备打倒义时。然而，义村却背叛了义盛，将此事报给了义时。义盛慌乱之中，在 5 月 2 日领着 150 骑举兵。幕府方面被打了一个猝不及防，作为将军官邸的镰仓大藏御所顷刻之间浓烟四起。御家人横山氏和波多野氏选择加入义盛阵营，义盛的部队一时间达到了数千骑。

然而，幕府一方也集结了三浦氏等众多的御家人，义盛的军队渐渐地顶不住了。之后，被逼逃向由比滨的和田一族因为义直战死而意志消沉，不久义盛也死于乱军之中。

战后 继和田氏之后，将军实朝也灭亡了

和田之战是镰仓时代初期最大的一场战乱。因和田一族的倒台，**幕府内部已经几乎没有人能够反抗北条氏，义时趁此夺取了军权。**

过了 6 年，将军源实朝也被暗杀了。犯人是前将军赖家的儿子公晓，也有人说是义时在背后操控此事。这个公晓也在案发现场被杀，于是从赖朝到实朝，源氏将军历时 3 代而绝。此后，幕府完全听凭北条氏差遣。

决定胜负的关键

> 北条氏将幕府内部的对手逐个击破，属于战术上的胜利。而和田义盛过于强调"一族团结"，反而结仇。

`超译解说` **和田之战的教训**

镰仓幕府不属于组织紧密的架构，多种权限分散于统治组织整体。统治组织如同圆桌会议一般各司其职。下面解释一下其内部的关系。

大多数御家人原本是独立的势力，经过治承·寿永之乱以后，他们聚集在源赖朝周围，形成了比较扁平式的隶属关系。

幕府成立后，一开始御家人之间多有对立。比如和田义盛就积极参加了驱逐梶原景时的行动。在梶原景时、比企能员相继被铲除之后，北条义时开始为消灭义盛而谋划。

当政敌较多时，如果集体打击的话，政敌间很容易联合起来，反而陷自身于不利。深知其中利害的北条氏，决定采取"铲除 A 时与 B 联手，当 A 被铲除后再铲除 B"的作战方针。义时的行动从结果上来看的确是这样。不过，独裁者要想上台，就一定会肃清政敌。这么做可以说是必然的选择。

义盛则是个重视一族团结和名誉的人。义时正是利用了义盛这样的性格，把他向反抗的道路上引诱，给他扣上一顶叛贼的帽子，这样打倒他以后别人也不会说什么了。此可谓义时的战术胜利。

承久之乱

粉碎了上皇的阴谋
幕府权力彻底集中

场	平安京（今京都府）	**数**	约19万人（幕府军）vs 不明（上皇军）
战	镰仓幕府 vs 后鸟羽上皇	**原**	上皇意图颠覆武氏政权
键	北条政子	**结**	上皇军失败，后鸟羽天皇被流放
死	伊贺光季，藤原秀康	**损**	不明

战前　上皇干涉幕府的人事安排

北条氏掌握了幕府实权，但那时的日本整体上是二重权力结构，也就是**镰仓的武士政府与京都朝廷并立**。这套结构在承久之乱中遭到了破坏。

承久元年（1219），第三代将军源实朝被暗杀后，北条义时希望后鸟羽上皇在皇族中找个人来担任新一代将军。

当时上皇将一处庄园送给了自己的爱妾龟菊，然而庄园的处置权则在幕府所任命的地头那里。于是上皇表示"让庄园的地头下台，这样我就挑个皇子当将军"。听闻此事的义时对上皇干涉幕府的人事任命表示不满，交涉也以失败告终。最后义时在众公卿中找到了算是源赖朝远房亲戚的藤原赖经，立为将军。

那时的赖经只有2岁，只是个傀儡而已。之后，幕府与朝廷的关系急速恶化。血气方刚的后鸟羽上皇在直属上

皇的军事集团"北面武士"之外，又设立了一个"西面武士"集团，强化了自身的战力。

❌战局 决战当前，政子鼓舞众臣

朝廷与幕府的关系持续紧张。此间，后鸟羽上皇于承久三年（1221）5月，以召开"流镝马会"（弓马骑射大会）为由集结了京都的武士。并以没有参会为借口，袭击了幕府所任命的京都守护伊贺光季。最后，上皇更是发出院宣，呼吁全国武士共同讨伐"不把朝廷放在眼里"的北条义时。

上皇认为"憎恨北条氏的御家人有很多，我们的队伍应该能壮大"。因为只有投靠上皇才算是王师，所以各地的武士在幕府和朝廷之间犹豫不定。

就连义时也觉得，如果上皇亲自上阵，那自己就只剩投降一个选择了。然而**北条政子却在众多御家人面前大呼："你们忘了赖朝曾经对你们有恩吗？如果要投奔上皇，你们**

就踩着我的尸首去投奔吧！"众御家人因这一番话团结起来，坚定了与上皇军死战到底的信念。

幕府出动了 10 万大军，以义时之子泰时为大将向西进军。北条时房则从北陆率领 4 万人与泰时会合。之后又加上武田信光的 5 万人。

为了应对幕府军，后鸟羽上皇动员了西日本的武士，在美浓国（今岐阜县）木曽川附近构筑了防线。在气势更盛的幕府军的突击下，上皇军顷刻间溃不成军。上皇还请求比睿山延历寺的僧兵助阵，却遭到拒绝，不得已只能在京都的宇治川展开决战。

连日的大雨使木曽川的水位上涨，但气势磅礴的幕府军毫不畏惧，强行渡河。最终上皇的部队被消灭了。

战后 日本史上头一遭，朝廷首脑惨遭流放

承久之乱只持续了 1 个月，就以幕府的全面胜利而告终。上皇方面的大将藤原秀康被处决，似乎上皇想把罪过全都安在他身上。

上皇表示"这都是部下自作主张"，但最后还是被流放到隐岐国（今岛根县）。**皇族输给了臣子并被流放，这在日本史上还是第一次。**跟随后鸟羽上皇的顺德上皇被流放到佐渡国（今新潟县），而顺德上皇的哥哥土御门上皇虽然没有参与此事，但表示希望被流放至土佐国（今高知县）。

北条氏没收了上皇赐给武士们的领地，全部分给了跟随幕府奋战的御家人，并在京都新设了"六波罗探题"这样一个专门监视朝廷的职位。由此，幕府的权力开始凌驾于皇权之上。

幕府方面由于对御家人许诺了现实的好处，所以军队得以团结。而上皇一方的组织力相对较弱。

超译解说 承久之乱的教训

本来幕府将军是由朝廷任命的。也就是说，起码在明面上将军不可违逆朝廷。但是承久之乱中众多的武士团结在幕府的旗下。这是为什么呢？其实对于武士们来讲，跟着谁有肉吃，就会跟着谁。他们断定幕府一方带给自己的好处更多。

能够把奖励摆到明面上谈，这是幕府能取得胜利的最大原因。

北条政子对御家人所说的"赖朝公的恩情"，具体就是指幕府赏给御家人的土地与地位，能够保障御家人从土地上获得安定的收入。也就是说，武士们还是很现实的。

后鸟羽上皇虽然握有"皇室"这一金字招牌，但对周围的武士也只是在口头上开了支票，这是极不稳定的合作基础。因此，上皇一方组织松散，指挥系统四分五裂，无法有效地动用兵力。

加之，上皇还对朝廷和幕府以外的第三方势力，也就是延历寺等寺庙神社的势力有所期待，但他们在这场争斗中严守中立。由于寺社势力过去经常与朝廷对立，朝廷的权威其实并不能撼动他们。后鸟羽上皇想要起兵，则至少应与寺社势力谈妥后再做行动。

弘安之役

侥幸获胜
日本中世最大的对外战争

场	博多湾（今福冈县）	**数**	约 6.5 万人（幕府军）vs 14 万人（元军）
战	镰仓幕府 vs 元·高丽联军	**原**	幕府与朝廷放弃交涉，招致元军进兵
键	忽必烈	**结**	元军撤退
死	少式资时	**损**	不明

战前 幕府与朝廷互踢皮球

文永五年（1268），元朝向日派遣使者，希望与日本进行"外交谈判"。

当时，元朝的统治范围包括欧亚大陆的大半部分土地。就连朝鲜半岛的高丽，也在其管辖之下。

面对元朝的使者，幕府表示"我们只负责国内政治，不搞外交"，于是把问题原封不动地踢给了朝廷。而朝廷虽然想拒绝交涉，但为了避免更大的麻烦，只能把问题搁置一旁。**由于使者屡次碰壁，元朝皇帝忽必烈终于爆发，**在文永十一年（1274）派遣 4 万士兵向九州北部进军。

以少式氏为首的九州御家人依靠骑兵和火器，好不容易打退了元军。最终元军的战斗只持续了数日，然后悉数撤退，此战史称文永之役。

有人认为，台风是导致元军撤退的主要原因。然而文

永之役发生在公历 11 月，那个时候并不会有台风。也有人称，元军此战的目的是探知日本的实力，所以一开始就定下了迅速撤退的方针。但不管如何，真相至今不明。

⚔ 战局 为了应战，幕府甚至还要"拜神"

艰难地打退第一拨元军之后，幕府执权北条时宗认为元朝很有可能再度进军，所以不仅是九州的御家人，他甚至动员了隶属寺社以及公家的众多武士，在博多湾筑起防线。之后更是要求各地的寺社做好祈祷工作，让"神佛"参与到对元朝的战争中。

5 年之后，元朝再度派遣使者，但这次幕府直接把使者杀掉了。此举导致忽必烈坚定了攻打日本的决心。弘安四年（1281）6 月，元军进逼博多湾，而且人数比之前多得多，共有 14 万之巨。幕府军在博多湾前端的志贺岛阻止元军登陆，企图将之逼回海上。

而元军内部，以蒙古人、高丽人为中心的东路军和从中国华南地区出击的江南军会合花费了不少工夫，磨磨蹭蹭地浪费了 1 个月的时间，之后**又遇上了暴风雨**。按照如今的历法推算，当时应该是公历 8 月，也就是说元军很有可能遇上了真正的台风。

幕府军对七零八落的元朝船队发动了攻击，元军的残留部队最终撤退。此战史称弘安之役。如此，日本终于熬过了两次战争危机。

战后 御家人、寺社都来求赏

弘安之役后，北条时宗曾打算反客为主侵略高丽，然而最终没能实现。另一边忽必烈也计划再一次攻打日本，结果未等成行便离开了人世。

另外，胜利后的幕府面临着如何奖赏两度参与战争的御家人的问题。各地的寺庙和神社也认为正是自己的祈祷招来了击退元军的"神风"，所以纷纷请求封赏。

然而，这场战争并未从对方手中夺取土地，所以没有什么能够分出去的。但是这些请赏的御家人和寺社大多需要借钱打仗，而领地管理权则被其他豪族攥在手里。于是，**幕府打算动用自身权威，强行解决当下的金钱与土地问题。**

弘安之役及其后的封赏问题，是北条氏介入御家人、寺社、公家以及地方豪族领地经营事务的一个原因，然而这种介入自然招致了他人对幕府的反感。

决定胜负的关键

> 国外的局势、对方的失策、气象条件等种种因素结合在一起，促成了日本的胜利。当然，御家人英勇奋战，也是事实。

超译解说 弘安之役的教训

经济状况稳定，并且在国内占据绝对领导地位的企业，被来自海外的巨大秃鹫基金公司盯上了——可以说元日战争所描绘的，就是这样一幅景象。

导致两次战争胜利的原因并不单纯，这是偶然的气象条件、对手的失策等诸多要素综合作用的结果。而且镰仓武士的勇猛确实对胜利起到了推动作用，这与后世流传的印象是不同的。

在弘安之役中，幕府在博多湾的海边抵抗元军之时，正是台风多发的时节。且元军的船只都是速成品，无法抵抗暴风骤雨的袭击。另外因元军是由蒙古人、臣属元朝的高丽人以及华南地方的江南人组成的混成军，彼此之间的交流想必也是大问题。

如此，虽然这场战争中带有强烈的"元军不战而败"的印象，但日本武士们的能力还是值得肯定的，即便在承久之乱后的50年来没有发生任何战争。换言之，他们在平时丝毫没有放松懈怠。

最后，虽然有些"事后诸葛亮"的意思，但是时宗出色的决断和预判也是胜利的要素之一。

霜月骚动

非得宗家主导的政治改革
仅持续一天就失败了

场	镰仓（今神奈川县）	**数**	不明
战	平赖纲 vs 安达泰盛	**原**	镰仓幕府的权力争夺
键	北条贞时	**结**	安达氏灭亡
死	安达泰盛，少式景资	**损**	将军府邸被焚毁

 战前 元日战争的战后处理导致权力集中

　　元日战争结束后，镰仓幕府因为参战的御家人和负责祈祷工作的寺社的封赏问题而焦头烂额。最终解决这个问题的，是执权北条时宗的岳父陆奥守安达泰盛。

　　泰盛为人大方又极重感情。他曾经慰问过在文永之役中负责打头阵的穷武士竹崎季长，并表示了深深的同情。最后更是越过了领导九州御家人的大宰府，直接给了竹崎一大笔赏金。

　　时宗于弘安七年（1284）溘然长逝，继位的儿子贞时方才 14 岁，故泰盛掌握了实权。泰盛认定元军会再次袭击日本，所以将不属于幕府的公家武士和寺社武士编入御家人，加强了幕府对寺社的影响力。

　　可以说为了应对外部变局，**泰盛意图打造一套国家总动员体制，并从中谋求幕府权威的提升**。

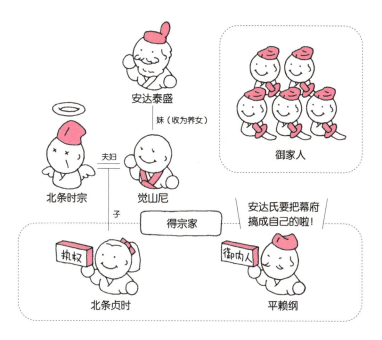

安达泰盛

妹（收为养女）

御家人

北条时宗

觉山尼

夫妇

子

得宗家

安达氏要把幕府
搞成自己的啦！

执权 北条贞时

御内人 平赖纲

　　然而幕府内部对泰盛崛起的不满逐步显现出来。特别是侍奉得宗家（北条氏宗家）的御内人（家臣）平赖纲，更是将泰盛视为死敌。据传赖纲曾向贞时吹风："安达氏马上要认源赖朝当祖宗，这样一来北条氏的幕府地位就不保了。"

✖ 战局 泰盛被杀，战火蔓延全国各地

　　泰盛与赖纲的矛盾不断加深，弘安八年（1285）11月，泰盛察觉局势不稳，希望能够面见贞时。然而，**泰盛被贞时府内早已埋伏好的赖纲手下暗杀了。**

　　赖纲做好了充足的准备，支持泰盛的势力一个接一个地被袭，将军的府邸被焚毁，可谓是彻底的攻击。安达氏一族和泰盛的支持者仅一天就被一网打尽，最初逃出生天的人最后也全部被迫自杀。

而且，这件事情波及范围越来越广。各地隶属安达氏的官员不是失势下台，就是被支持赖纲的势力所消灭。

特别是筑前国（今福冈县）中与安达氏关系不错的少式景资，竟然被支持赖纲的哥哥经资所灭，史称岩门之战。少式氏在元日战争中立过大功，在大宰府内很有权力。而泰盛为了抗击元朝军队，大幅度插手了九州御家人的人事问题。作为当家，少式经资对此十分不满。

从泰盛被杀开始的一连串事件，因为发生在 11 月，所以史称霜月骚动。最终，安达氏灭亡，至此能够与北条氏相抗衡的御家人不复存在。

战后 本该是胜者的平赖纲也灭亡了

霜月骚动简直是一场教科书式的权力争斗，双方分别为幕府内部以泰盛为中心的御家人和以赖纲为中心的御内人。

然而，像少式经资那样支持赖纲的御家人也不少。实际上，**这是处在权力中枢上的泰盛和赖纲的个人对立，与不满泰盛强化幕府权力的御家人所综合导致的结果。**

从此，赖纲在实质上确立了对御家人的支配地位。然而，成年后的贞时愈发忌惮赖纲，并于正应六年（1293）铲除了赖纲。

贞时铲除赖纲的理由是"赖纲希望立自己的儿子为将军"，这和赖纲对泰盛的抹黑如出一辙，实在是讽刺啊。

激进的改革往往伴随着强烈的反抗，安达泰盛并没有重视这一点。而且若不是最高领袖，往往会受到更大的非难。

超译解说 霜月骚动的教训

安达泰盛崛起的原因是元日战争的封赏问题和之后的国防问题。这就是一个从最基层摸爬滚打起来的元老干部强化自己的势力，辅佐年轻的社长度过公司危机的故事。

镰仓时代，有不受幕府管控的自由武士，也有时不时为公家或者寺社卖命的合同武士。泰盛的政策是想要将这两者都变为幕府的正式员工（御家人）。

写到这里，您也许会认为泰盛这人相当好。然而，这么做会导致老员工的待遇减少。而且这会牵扯到分公司（地方上有实力的御家人）的人事任命问题，肯定会招致他们的反抗。可以说，这种无谓的扩大战略正是泰盛的弊病所在。

激进的改革，就这样遭到了反对。如果泰盛趁着自己的后盾北条时宗活着的时候进行改革，或许反对的声音会少一点。

平赖纲巧妙地利用了这些反对意见，将安达氏一网打尽。然而，之后他自己也对御家人颐指气使，成为新的众矢之的，遭到了贞时的肃清。在镰仓幕府的历史中，枪打出头鸟似乎成为一种惯例。

元弘之变

1331 年　南北朝时代

意图打倒幕府
天皇亲临战场

场	笠置山（今京都府）	**数**	20.8 万人（幕府军）vs 不明（倒幕军）
战	镰仓幕府 vs 后醍醐天皇	**原**	后醍醐天皇举兵倒幕
键	北条高时	**结**	倒幕军失败，后醍醐天皇遭到流放
死	日野俊基	**损**	不明

 战前 在"无礼讲"中暗暗商量倒幕

　　元日战争时期，朝廷中大觉寺统（龟山天皇一脉）与持明院统（后深草天皇一脉）的矛盾逐渐激化。幕府居中仲裁，制定了大觉寺统和持明院统的皇族交替继位的法则，即"两统迭立"制。但归根结底这是妥协之后的方法，未能根除双方的不满。

　　文保二年（1318），从大觉寺统即位的后醍醐天皇有着强烈的亲政意愿，坚决要废除"两统迭立"制，并且消灭幕府。于是，他聚集了寺社实力、公家以及恶党（不属于幕府或领主的自由武士），密谋倒幕事宜。

　　那段日子里，**后醍醐天皇为了掩人耳目，常常敲锣打鼓，甚至几乎是光着身子与臣下一起胡吃海喝。**这就是所谓"无礼讲"的由来。

　　之后，后醍醐天皇于正中元年（1324）与公卿日野资

朝、武将土岐赖员等人决意在京都起兵。

这个计划被赖员的妻子泄露给了幕府，于是马上就被幕府镇压了（正中之变）。资朝被流放到佐渡，而后醍醐天皇故作不知，逃脱了处罚。

⚔ 战局 天皇亲自在山中指挥包围战

然而天皇倒幕之意依旧，命令寺社祈祷"幕府赶紧灭亡"，并让儿子护良亲王就任天台宗的座主（宗门最高领袖），顺势将比睿山延历寺拉进自己的阵营中。

近臣吉田定房谏言："倒幕是不可能的，您还是放弃吧。"然而天皇不听。元德三年（1331），吉田定房无奈只得密报幕府。于是与后醍醐天皇合作的祈祷僧文观被幕府逮捕。

幕府的情况也好不到哪里去，14代执权北条高时与部下（御内人）长崎高资之间的内部纷争引来了众多御家人的不满。

就在此时，**后醍醐天皇悄悄溜出宫，来到了京都南方的笠置山踞守，**并宣告全国："幕府无道，现在倒幕正是时候！"

位于京都的幕府机关六波罗探题倾集出动攻打笠置山，然而后醍醐天皇的军队拼死抵抗。于是幕府又投入了以足利高氏（尊氏）为中心的东国势力，总计超过 20 万人。

后醍醐天皇的军队坚守孤城，挺了 1 个月。然而幕府军在其后的夜袭中放火焚烧笠置寺，同时包围了天皇军。后醍醐天皇感到大势已去，企图逃跑，却在山中被逮捕。

战后 "元弘之变" 成为 "元弘之乱"

攻陷笠置寺一事，史称元弘之变。沿袭承久之乱的先例，后醍醐天皇被流放到隐岐，天皇的同伙、公卿日野俊基则被处决。

幕府更从持明院统中拥立光严天皇登基。在之后的南北朝时代，后醍醐天皇成为"南朝"的第一个天皇，而光严天皇则是"北朝"的第一个天皇。

幕府本以为可以高枕无忧了，但倒幕之火仍未熄灭，**响应后醍醐天皇号召的"恶党"（反体制的领主）楠木正成，以及藏身于笠置山深处吉野的护良亲王，依旧进行着抵抗幕府的活动。**

之后，直到元弘三年（1333），镰仓幕府倒台的一系列争乱被称为元弘之乱，以失败告终的元弘之变就是它的开端。

决定胜负的关键

> 没有高度组织化的兵力是后醍醐天皇失败的原因。但是，倒幕派留下了人脉和财产。

超译解说 **元弘之变的教训**

元弘之变和承久之乱情况比较相似。后醍醐天皇和曾经的后鸟羽上皇一样，只动员了一些松散的寺社势力和恶党，导致了最终的失败。虽然幕府名义上无权流放天皇，但两场争乱都是以天皇被流放而告终。

然而，后醍醐天皇拥有超乎常人的行动力，是一位不屈不挠的人物，也因此他在与幕府敌对的公家与寺社势力当中构建了很强的人脉。

商场上，经常会有一些富有个性的经营者，他们曾经破产过，但又积极地开办新公司，最终漂亮地卷土重来。永不言弃的人能够利用自己广泛的人脉和旺盛的行动力，即便失去了地位与财产，也仍然能够东山再起。

加之此时御家人数目过度增长，幕府方面却没有充足的收入来供养他们。而且执权和御内人也时有矛盾，这些导致了幕府向心力的减弱。

地位不安定的自由武士以及穷困的御家人转而支持后醍醐天皇的倒幕行动，想必是认为如果加入优势队伍，成为王师，就可以在获胜后获得更多的赏赐吧。楠木正成，一位相当于地方土豪的自由武士，瞅准了这个时机，开始了自己的行动。

千早城之战

楠木正成神机妙算
镰仓幕府走向衰亡

场	河内国（今大阪府）	**数**	1000人（楠木军）vs 100万人（幕府军）
战	楠木正成 vs 镰仓幕府	**原**	后醍醐天皇起兵
键	后醍醐天皇	**结**	幕府军战败
死	北条高时	**损**	不明

战前 以游击战术戏耍幕府的楠木正成

　　在响应后醍醐天皇而起兵倒幕的武士里，最有代表性的是河内国（今大阪府）的楠木正成。

　　一般而言，楠木正成属于恶党，不归幕府管理。但也有说法称他原本是隶属北条家的御内人，并且拥有关西的领地。但不论怎样，楠木正成以能征善战著称。**听到后醍醐天皇的倒幕号令后，他的人生可谓是迎来了转机。**

　　元弘二年（1332），后醍醐天皇被流放至隐岐，正成则在金刚山地的下赤坂城抵抗幕府的攻击。虽然兵力些微，但还是能够运用滚木、落石等计策重创敌军。

　　不久，粮草便消耗殆尽，正成以夜色为掩护悄悄撤退。另一方面，后醍醐天皇之子护良亲王所镇守的吉野，遭到了幕府的进攻。

　　然而很快，正成再次夺回了下赤坂城，更于同年在下

赤坂城的南边修建了千早城，用以抵御幕府的进攻。从吉野逃出来的护良亲王，也与楠木正成联手，在京都附近持续进行游击战。

⚔ 千早城久攻不下，幕府军心生厌倦

千早城位于金刚山地（海拔 673 米），水源充足，是个能够进行长期抵抗的地方。

正成是个守城的天才，他使出了浑身解数。其中包括给稻草人穿上盔甲，摆成一排来引诱敌军，向敌军泼油再放火，以及在夜里故意扩大声响，扰乱敌军休息等战术。幕府军痛苦不堪，以至于战事被拉长到 100 多天之久。

根据《太平记》记载，**幕府军向千早城投入的兵力有100 万人之多**，当然其中肯定有夸张的成分，但兵力雄厚而收效甚微，确是事实。

这期间，后醍醐天皇逃离了隐岐，在伯耆国（今鸟取县）设置了大本营，再次诏告全国，要求倒幕。这一次，播磨国（今兵库县）的赤松则村（圆心）等各地的反幕府势力再度纷纷举兵。

千早城久攻不下，幕府军内部开始产生了分裂。各地的御家人抱怨连连，"千早城怎么这么难攻啊，受不了啊！""幕府是不是已经不行了啊？"等风言风语在军中渐次兴起。

战后 幕府的名门武将接连反叛

幕府军苦战的局面依旧没有好转，而被派去西日本镇压反幕府势力的足利高氏突然背叛了幕府。元弘三年（1333）5月，高氏攻陷了京都的六波罗探题。

高氏之所以会谋反，是因为他在为父亲服丧期间被幕府强行征召，心生不满。而且他素来认为："我们足利氏乃是源氏的直系，比北条氏要高贵得多，所以将军也得是我来当！"

继高氏反叛之后，上野国（今群马县）的新田义贞也举兵响应。新田氏也是源氏的一个旁系，对北条氏的反感由来已久。

义贞起兵时仅有 150 余人，但在进攻镰仓的途中不断得到他人的响应，最终成了一支数十万人的大军。幕府军虽然拼死而战，但半个月后镰仓被攻陷，北条高时自杀。

正成在千早城之战中拖延了幕府的大军，可以说间接上导致了镰仓幕府的崩溃。

决定胜负的关键

> 千早城之战为倒幕争取了大量的时间。一旦战争走向长期化，幕府的弱点就会暴露无遗。

超译解说 **千早城之战的教训**

楠木正成并没有打算击退幕府军，只是将防守贯彻到底。即便如此，千早城之战还是幕府崩溃的一个重要原因。

久攻不下使得幕府的威信发生了动摇。后醍醐天皇逃出隐岐后，号召武士们"跟随正成，构建自己做主的时代"，此举大大提升了士气。如此，本来就对镰仓幕府抱有不满的高氏和义贞会倒戈相向，也就不奇怪了。

在商业世界中，一些弱小势力注重 AI（人工智能）、编程等新技术，从而加大设备投资，最终赚得盆满钵满的例子绝不鲜见。一旦大家都认为"这个可以"，那么那些处在观望中的大型企业就会改变方针，加入战局。正成的行动乍一看风险很高，和赌博也差不多，但正因为他争取到了时间，使得越来越多的人决意起兵，所以最后成为倒幕的先驱。

按照《太平记》的说法来看，正成虽是一介乡下领主，但因为受到天皇的信赖，人生才得以扬眉吐气，打仗时也能够倾尽全力。不过，楠木正成是否只是为了自身的荣华富贵，还真不是一两句话就能说清的。

中先代之乱

足利尊氏挫败北条氏的复兴计划
之后更是背叛了天皇

场	镰仓（今神奈川县）	**数**	不明
战	足利尊氏 vs 北条氏残党	**原**	北条氏残党举兵
键	足利直义	**结**	北条氏残党灭亡
死	诹访赖重，护良亲王	**损**	不明

⚑ 战前　在汹涌的波涛中，天皇新政权扬帆起航

现代社会中，一间公司即便更换了总经理，其经营方针也基本不会出现 180 度的大转弯。然而，后醍醐天皇却做出了大胆的尝试。

镰仓幕府灭亡后，后醍醐天皇改元"建武"，意图像中国古代皇帝那样亲临政事。此事件史称"建武新政"。天皇开始重用公家，希望亲自掌握人事并管辖全国的土地。**然而和中国古代王朝所不同的是，天皇之下并无完备的官僚组织，这导致了政务的迟滞，京都的治安也在恶化**，最后招来了庶民的反感。

另外，后醍醐天皇将自己名字"尊治"中的"尊"字赐给了在倒幕中立下大功的足利高氏，"足利高氏"便成了"足利尊氏"，但之后尊氏并未获得要职。另一方面，护良亲王虽然就任征夷大将军，但与父亲的关系却逐渐恶化，最

终被幽禁在镰仓。可见，新政权中有着众多的内部纷争。

　　如此情势之下，公卿西园寺公宗与北条氏残党联手，意图掀起政变。公宗本就与镰仓幕府关系匪浅，曾经还拥立过持明院统的天皇来对抗大觉寺统的后醍醐天皇。然而，由于走漏风声，政变最终失败。

✖战局 北条氏仅仅复兴了 20 天

　　既然和公宗的合作被切断，北条氏残党便打算独自行动。建武二年（1335）7月，诹访赖重举兵，奉北条时行为盟主。时行是北条高时的子嗣，当年镰仓被攻陷时逃往信浓国（今长野县），受到了诹访氏的保护。

　　赖重和时行举兵时，尊氏的弟弟直义在镰仓掌管政务，而时行的军队势如破竹逼近镰仓。颇为讽刺的是，这条进攻路线与当年新田义贞进攻镰仓的路线基本吻合。

　　后来直义虽亲自出战，但还是失败了。脱逃之际，直义为了不让护良亲王被叛军控制便将其杀害。而潜伏在各地的北条氏残党纷纷响应时行，接连起兵。

坐镇京都的尊氏，向后醍醐天皇上书，表示"镰仓快不行了，请任命我为征夷大将军，把我派到镰仓去吧"。然而**天皇因为缺少对尊氏的信任，并没有采纳他的建议。等得不耐烦的尊氏最后在未获得天皇许可的情况下，擅自出兵了。**

时行的军队追逐直义，一路向西。而尊氏在中途打败了时行，并最终攻陷了镰仓。主犯赖重自杀，时行下落不明，被认定为死亡。结果，北条氏残党占领镰仓只20余日便失败了。

战后 原来时行还活着

实际上，镰仓沦陷后一度被传战死的时行还活着。后来，他加入了南朝，与之前曾打压过北条氏政变的后醍醐天皇合作。虽然令人咋舌，但对时行而言，这或许是出于自己对尊氏和直义两兄弟的愤怒吧。

北条氏残党谋划的政变史称中先代之乱。中先代指的就是北条时行，因为他夹在先代（得宗最后的子嗣北条高时）和当代（开创室町幕府的足利尊氏）之间。

将镰仓收入囊中以后，尊氏便不再听从天皇命令，直接封赏部下，并且**自封征夷大将军**。本来尊氏并无背叛后醍醐天皇的意思，然而直义在复兴武家的意愿驱使下向尊氏进言，表示"现在机不可失"。

自然，后醍醐天皇怒不可遏，便向素来视尊氏为眼中钉的新田义贞下达了讨伐尊氏、直义两兄弟的命令。

> 北条氏残党缺乏实战经验，必然会被消灭。然而后醍醐天皇在足利尊氏的待遇问题上也犯下了错误。

`超译解说` **中先代之乱的教训**

中先代之乱以北条氏残党的失败告终。北条时行掀起叛乱之时，只是一个不满 10 岁的毛孩子，而心腹诹访赖重也没有什么像样的实战经验。

反观尊氏身经百战，部下当中很多人曾经也与北条氏交手过。所以北条氏残党的计划会失败，也是自然的。

对于后醍醐天皇来说，能够挫败北条氏残党的政变确实是好事情。但问题出在尊氏的待遇问题上。如果能够给予尊氏相应的地位，并且下达讨伐的敕令，那么后续的事情可能就会不一样了。

尊氏离开了由皇族和公卿掌管的京都，在镰仓集结了众多部下，坚定了夺取政权的决心。从这一点上来看，后醍醐天皇由于担心，坚持不封尊氏为征夷大将军，也不是没有道理的。

而且，"建武新政"的出师不利对天皇来说也是一个痛点，所以众多的武士必然会围绕在人脉深厚、出身良好、能征善战的尊氏周围。这就好比总经理的风评持续不佳，自然而然地会导致成绩斐然的分部经理和交情甚笃的部下一同谋求独立的情况发生。

"吉野里遗址"竟是城堡的起源

由日本城郭协会选定的"日本 100 名城"在历史迷当中广为称道。当我们仔细品读这份名单时，会发现上面有一个名字出乎我们的意料，那就是位于佐贺县的弥生时代的环濠聚落遗址"吉野里遗址"。

为何会选中这处聚落遗址呢？为何那些历史迷熟知的挂川城、郡山城还有郡上八幡城等会落选了呢？

《广辞苑》是这样定义城堡的："为了防御外敌所建筑的军事工事。"吉野里遗址拥有"环濠"，也就是防御敌人的壕沟。实际上，在这处遗址中还发现了推定是死于战争的人骨。由此，这个遗址可以证明从"村落"到"国家"的发展过程中存在着战争。所以，它被选入"日本 100 名城"之列。

7 世纪末期，人们开始建造"山城"，而平安时代为了对抗东北的虾夷，人们开始建造"城栅"。到了平安时代末期，武士们在"馆"中生活，而在元日战争之时，北九州地区建造了"防垒"。南北朝争乱之后，随着技术的提升以及战事的频发，作为军事据点的城堡也在不断地进化当中。

从南北朝战乱到室町幕府的消亡

多多良滨之战

观应之乱

筑后川之战

明德之乱

正长土一揆

嘉吉之乱

享德之乱

应仁之乱

长享之乱

加贺一向一揆

明应政变

河越城之战

严岛之战

国府台之战（第二次）

多多良滨之战

突发的沙暴使足利军局势逆转
南北朝时代正式开启

场	筑前国（今福冈县）	数	不明
战	足利尊氏 vs 菊池氏	原	足利尊氏与后醍醐天皇的对立
键	光严上皇	结	足利军的胜利
死	少式贞经、阿苏惟直	损	不明

 战前 为了兄弟情谊，足利尊氏成为朝廷的敌人

　　中先代之乱后，足利尊氏留在了镰仓，并拒绝了朝廷的入京命令。然而，面对渐渐逼近的新田义贞，足利尊氏表明"不想与天皇为敌"，并没有什么出战的意愿。

　　不过当弟弟直义遭到义贞军攻击之时，足利尊氏无法置之不理，最后还是出兵了。足利两兄弟的情谊非同一般，尊氏甚至还说过"要是没有直义，我独活又有何益"这样的话。他们俩分工明确，哥哥能征善战却优柔寡断，弟弟则善用计策，补足了哥哥的短板。

　　建武二年（1335），尊氏在箱根的竹下之战中打败了义贞的军队，之后继续向西进军。第二年正月进入京都。后醍醐天皇大呼不妙，逃到了比睿山。另外，也有人表示因为京都易攻难守，后醍醐天皇是故意舍弃京都的。

　　之后，义贞和尊氏在宇治激战。由于东方与义贞遥相

呼应的北畠显家加入战局，尊氏寡不敌众，向西逃跑。逃跑中的尊氏请求与后醍醐天皇对立的光严上皇（持明院统）向自己下达讨伐义贞的命令。于是，**尊氏在名义上成为"另一支王师"，得到了攻打义贞的正当名分。**

✖ 战局 拉拢九州豪强，战局得到逆转

尊氏流落九州后，被盘踞在大宰府的少式赖尚收留。丰后国（今大分县）的大内氏、萨摩国（今鹿儿岛县）的岛津氏，还有一些有力的寺社势力，比如宗像大社、香椎宫等都加入了尊氏的行列。一直以来足利氏与九州方面都有着良好的沟通。

然而，九州地区的菊池氏支持后醍醐天皇。族长菊池武重的弟弟武敏联合同乡的阿苏惟直等人一同进攻大宰府。此役赖尚之父贞经战死，而菊池氏则占领了博多。

不久，尊氏和菊池氏在多多良滨（今福冈市东区）展开了决战。菊池的军队有数万人，在人数上占据优势。

然而，**开战不久便刮起了沙暴，处在下风向的菊池军陷入了苦战。**而且，菊池军内的肥前国（今佐贺县）松浦党在战斗中倒戈，最终菊池军战败。

胜利的尊氏找回了自信，势力也得以恢复。此后坐拥20万兵力的他，再次向京都进军。

战后 正成、义贞被逐个击破，南北朝的战乱开始了

楠木正成向后醍醐天皇进言："尊氏实力太强，还是和解为上。"但后醍醐天皇没有采纳他的建议。

于是，义贞与正成准备在凑川（今兵库县）与尊氏展开决战。两人分别在和田岬和会下山摆好了阵势。开战后，尊氏趁着义贞向己方别动队进攻的当口，指挥主力登陆。而正成由于被孤立只得独自奋战，不久便回天乏术，自杀身亡。

拦路虎一个接一个地倒下。尊氏进入京都，拥立持明院统的光明天皇。后醍醐天皇一度同意让位，但最后跑到了吉野，并带走了三神器，表示："三神器在我这里，我才是正统。"由此，**光明天皇的北朝与后醍醐天皇的南朝对立开始，史称"南北朝争乱"。**

支持北朝的尊氏开创室町幕府时代，继续与南朝对抗。延元三年（北朝历应元年，1338），义贞在藤岛（今福井县）之战中败于北朝并战死。第二年后醍醐天皇也去世了。但由于室町幕府内部的纷争不断，南朝得以维持了半个多世纪。

拥有优秀部下的后醍醐天皇无法人尽其才，另一方面足利尊氏利用各大名门增加了自己的势力，还有沙暴也是一个关键因素。

超译解说 **多多良滨之战的教训**

虽然足利尊氏不想与后醍醐天皇为敌，然而在加入持明院统一方之后，还是展现了其作为名将的实力。从"叛贼"摇身一变成为"另一支王师"，想必这件事让尊氏再一次意识到自己身为"武家栋梁"的重要性。

多多良滨之战中，尊氏之所以能够将九州有力的武士团体拉拢进来，是因为这些武士对后醍醐天皇独自安排武家领地的决定深感不满，而尊氏答应大家胜利后依然可以掌管镰仓幕府时代所赐的领地，这就是"元弘没收地返付令"。

如此，左手是讨伐义贞的正当名分，右手是对部下利益的肯定。尊氏逆转局势，开创幕府几成必然。可以说，若非名实两全，则胜算全无。

后醍醐天皇希望掌管一切的意愿导致了自己的失败。本来尊氏并无反对之心，如果给足了地位和权力，那么分化他和弟弟直义也不是不可能的事。但是刚愎自用的后醍醐天皇直到最后时刻依然一意孤行，也不听从楠木正成的和谈意见。

即便是现代社会，不听取部下建议的独狼社长，最终葬送了整个公司的情况依然时有发生。后醍醐天皇着实应该听从正成的建议，重用尊氏以求政权的稳定。

观应之乱

将军之弟与执事对立所酿成的
室町幕府内乱

场	镰仓等地（今神奈川县）	**数**	不明
战	足利尊氏 vs 足利直义	**原**	室町幕府的内部纷争
键	后村上天皇	**结**	足利直义死亡
死	高师直、足利直义	**损**	不明

战前　和睦兄弟阅墙

　　室町幕府成立后，军事以及封赏工作由足利尊氏负责，而政务和司法工作由弟弟直义负责。然而，两兄弟之间逐渐产生了异样的氛围。

　　直义重用桃井直常等部下，沿袭镰仓幕府的旧制，意图进一步加强政权。而尊氏希望让自己的儿子义诠继任将军，所以面对唠唠叨叨的直义，他开始有了一些忌惮。

　　与此同时，尊氏的执事高师直起用了许多御家人，手腕之辛辣，甚至不惜跟公家和寺社对立。

　　师直长于军事，曾于正平三年（北朝贞和四年，1348）进攻南朝，大胜楠木正成的儿子正行，因此春风得意。大战过后，足利直义看到师直的部下如此势不可当，很是担忧。于是向哥哥提出了"罢免过于膨胀的师直"的建议，尊氏接受了。

　　听到此事的师直旋即举兵誓要讨伐直义。**直义跑到哥**

哥那里，换来的却不是哥哥的保护，而是一纸强制出家的命令。对于在血亲和直属部下之间受夹板气的尊氏而言，这可谓是一出苦肉计。

⚔ 骚乱渐渐扩大，南朝也被卷入其中

直义的养子直冬渐渐在西日本壮大。直冬本是尊氏的儿子，非常仰慕养父直义，他的势力逐渐对义诠构成威胁。

最终，尊氏与师直决定于正平五年（北朝观应元年，1350）10月讨伐直冬，而后直冬逃到了九州。在九州，直义与直冬合兵一处，准备迎战尊氏。

直义为了获得讨伐尊氏与师直的理由，竟然与南朝的后村上天皇联手，令人颇感意外。直义与南朝军一同，在摄津打出浜击退了尊氏的大军。尊氏于是向弟弟低头，并责令师直与其弟师泰出家。

之后，在被押解进京的路上，师直与师泰被直义的部下上杉能宪杀掉了。看到弟弟撕毁了约定，杀了自己的心腹，尊氏十分愤怒。

官复原职的直义并未与哥哥和好。在察觉到自身的危机后，直义逃往镰仓。由于北朝的崇光天皇并没有对讨伐直义一事有所回应，所以**接下来轮到尊氏与南朝联手了。正因此，出现了南朝短暂重归皇室正统的局面。**

据《太平记》记载，与南朝联手后的尊氏发兵讨伐直义。当走到骏河国（今静冈县）萨埵山口时，直义发动50万大军进行了包围。战斗中，下野国（今栃木县）的宇都宫氏派出了援军增援尊氏，然而不知怎的，直义的军队逃出生天。

最终，正平七年（北朝观应三年，1352）1月，直义在镰仓投降了尊氏，为兄弟之间的争斗画上了句号。

战后 南朝的天下仅仅维持了4个月

直义投降以后，马上就去世了（有人说他是被毒死的）。

另一方面，在尊氏与直义争斗之时，南朝实质上的领导人北畠亲房逮捕了北朝的皇族，并将京都内幕府的关系人悉数驱逐。**尊氏与南朝的短暂和解，仅仅过了4个月就破裂了。**

不久，义诠发兵京都并夺回了幕府对京都的支配权。于是尊氏拥立光严天皇的二皇子后光严天皇即位。如此，南北朝对立再起。

直冬在直义死后依旧与尊氏抗衡，于正平十年（北朝文和四年，1355）攻入了京都，然最终失败，流落九州。

> 虽然足利尊氏的态度看上去首尾不一，但正是这种转变拯救了室町幕府。

观应之乱的教训

回顾观应之乱的过程我们会发现，尊氏与直义和解很快，反目更快。且两方都选择与敌对的南朝联手，实在是一团乱麻。

本来敌视直义的不是尊氏，而是尊氏的心腹高师直。另一方面，即便矛盾产生，尊氏认为问题出在直冬（虽然是亲生儿子……），而不是直义。所以，就算战乱扩大，兄弟之间还是有可能和好的。

弟弟和哥哥都曾短暂地与南朝联手，也是因为俩人在讨伐彼此的过程中都需要一个正当理由。

尊氏来回变更盟友的行为，在重视忠义的日本人眼里，实在不能说好。然而，纵观世界历史，这种事情绝不鲜见。中世纪以来，在众多小国相互接壤的欧洲凭借这种战略最终获胜的人着实不少。

即便是现代，与竞争对手进行资本合作的情况也有很多。尊氏虽然优柔寡断，可为了胜利，也懂得"联手一切能够联手的人"，最终度过了危机。虽然失去了弟弟，但尊氏保卫了室町幕府，为其构筑了坚实的基础。

Chapter 3 从南北朝战乱到室町幕府的消亡

筑后川之战

1 天战死约 5000 人
日本三大战之一

场	筑后川（今福冈县）	**数**	8000 人（南朝军）vs 6 万人（幕府军）
战	怀良亲王 vs 室町幕府	**原**	南朝的怀良亲王就任征西大将军，在九州建设据点
键	少式赖尚	**结**	南朝军胜利
死	少式直资	**损**	双方战死者合计约 5000 人

★战前 叛乱频发的九州，无仁义之战

　　14 世纪前半期至末期，是日本的南北朝时代。早期北朝与室町幕府处于优势地位。然而，在九州就任征西大将军的后醍醐天皇之子怀良亲王，一直在顽强地抵抗着北朝。

　　正平四年（北朝贞和五年，1349），正当九州探题（幕府驻九州的机关）长官一色范氏与足利直冬交战之时，怀良亲王的势力不断扩大，宛如鹬蚌相争，渔翁得利。九州方面支持南朝势力的是盘踞在肥后国（今熊本县）、由菊池武光率领的菊池氏。

　　以大宰府为据点的少式氏和丰后国（今大分县）的大友氏也与一色氏相对立，于是暂时加入了怀良亲王的队伍。然而，当一色氏被南朝军大败，逃离九州之后，少式氏与大友氏马上就归顺了幕府。乍一看这是很没有节操的行为，然而**比起忠诚心，南北朝时代的众多武将考虑更多的是自**

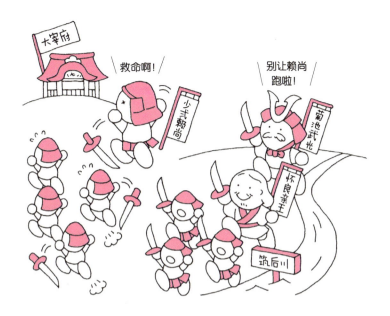

己领地的安全问题。 所以根据情况的不同而变换主家是家常便饭。

　　当下九州的南朝势力依然顽强，所以足利尊氏不得已决定远征。然而，已是抱病之身的他，于正平十三年（北朝延文三年，1358）去世，享年 52 岁。

战局 1 天战死约 5000 人

　　少式氏与大友氏对南朝军步步紧逼。正平十四年（北朝延文四年，1359）7 月，怀良亲王率领的南朝军和少式赖尚率领的幕府军，在位于筑后国大保原的筑后川展开对决。

　　据《太平记》记载，此时的少式氏动员了 6 万人的兵力，而南朝军只有 8000 人。

　　南朝军的菊池武光率先派遣了 300 名擅长夜袭的士兵发难，之后将大军分为每队 3000 人左右的两队，混杂着水声向幕府军突击。

赖尚的军队虽然一时间陷入了恐慌，然而马上就恢复过来。**双方寸步不让，战斗持续了整整一天。**幕府军战死3000 余人，包括赖尚的儿子直资，而南朝军死亡 2000 余人，怀良亲王也受了重伤。最终，战争以南朝的胜利告终。

遭到极大打击的赖尚拖着一条命逃回了大宰府，而南朝军也无力追击穷寇，菊池氏领兵回到了大本营。

战后 与明朝建立关系，未能拯救南朝的颓势

筑后川之战两年后，怀良亲王和菊池氏的部队进攻大宰府，终于把少式氏驱逐出九州。之后约 11 年间，九州成为不受室町幕府管辖的南朝领土。

此时的中国，元朝灭亡，明朝诞生。希望与日本建立关系的明太祖，没有向镰仓和京都，而是向九州的怀良亲王派出了使者。因为如何解决出没在九州近海的倭寇，是明朝的重要课题。

怀良亲王一开始拒绝与明朝建立关系，最终却答应下来，文中元年（北朝应安五年，1372），受封为"日本国王"。后来第三代室町将军足利义满也得到了同样的封号，**但在此时的外界看来，九州就是一个独立的国家。**

不过之后，在幕府新任九州探题今川了俊的进攻下，怀良亲王被驱赶至大宰府，九州的南朝势力急速衰退。

决定胜负的关键

南朝军虽然人数不占优势，但依靠奇袭战术占得先机。北朝军的崩溃则是因为士气低落。

超译解说 筑后川之战的教训

据《太平记》记载，筑后川之战中南北双方的兵力差距非常之大。然而，虽然幕府军在数量上占优势，但是南朝军的士气依然高涨。

要说这士气从何而来，那就是现实利益。面对九州的武将，室町幕府并未告知获胜后会有什么赏赐，反而设置了九州探题，限制了少弐氏等人的权力。

身为征西大将军来到九州的怀良亲王对菊池氏和阿苏氏做了保证，在保全他们的领地同时也赢得了他们的信赖。

少弐氏一直以来都是九州北部的豪强，然而与幕府的交往使少弐氏没少郁闷。这也应该是怀良亲王能够获胜的一个原因。

一般来说，从东京总公司被派到地方担任分公司经理的人，在当地人眼中就是个"外人"，想要发挥领导作用并不容易。更何况要把当地人的既得利益全部收归自己，这样做肯定会引发强烈的反对。

但是，如果能够保障当地那些能人的既得权益，并且巧妙利用派系对立，那么就会为自己的统治带来极大的便利。

明德之乱

1391 年　南北朝时代

统治全国六分之一土地
幕府豪强一日之间衰败

场	内野（今京都府）	数	不明
战	室町幕府 vs 山名氏	原	山名氏中了足利义满的圈套
键	足利义满	结	幕府军胜利
死	山名氏清	损	不明

战前 贵族做派的第三代将军带来的出其不意

推动室町幕府进入全盛期的是第三代将军足利义满。身处创业期的祖父尊氏每天都在战争中度过，但他的孙子却是一个在优渥环境中成长的小少爷。建造了金阁寺的义满，怎么看都是一副贵族的派头。

确实，义满的母亲这边可以追溯到皇室，是后圆融天皇的表亲。义满 10 岁继任将军，之后在宫廷中兼任了左大臣。他构建了幕府与公家的亲密关系，巧妙地获得了京都的警察权与税收权。如此看来，义满着实能干，并不是普通的少爷秧子。

另外，在义满的出色统治下，南朝的势力进一步弱化。**为了抑制南朝，义满对南朝设置的守护百般刁难，意图削弱守护的权势。**

第一个目标是土岐氏。统辖美浓国、尾张国以及伊势

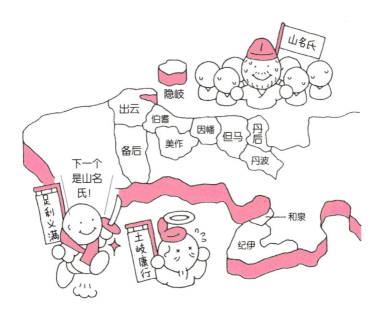

国（今岐阜县、爱知县、三重县）的强力守护土岐赖康于元中四年（北朝嘉庆元年，1387）去世后，养子康行和康行的弟弟满贞围绕继承权展开了争斗。义满介入了此次争斗，将土岐氏的领地分割成三部分，分散了土岐氏的势力。

⚔️ 战局 高举"锦旗"，光荣出马

义满的下一个目标是山名氏。山名氏统辖了山城国（今京都府）等 11 国，在全国 66 个国当中占六分之一，所以山名氏也被称为"六分之一众"。①

元中六年（北朝康应元年，1389），山名氏族长山名时义去世，义满再次介入继承人争端。他借口"时义生前对将军家甚是无礼"，命令同属山名氏却与时义敌对的氏清和满幸攻打时义的嫡子时熙。

---

① 不同时期山名氏领国有所不同，全盛期有 12 国，史料中常说的六分之一，是指大概数量。

然而，两年后义满便爽快地赦免了时熙。义满因为"满幸霸占了后圆融天皇的庄园"，将其逐出京都。满幸与氏清商量后，决定起兵反抗。

同年 12 月 27 日，氏清、满幸与南朝联手，一同向京都进军，在曾属平安京皇宫内的内野与幕府军对峙。**据传，北朝为了凸显义满王师的地位，向义满的军队送来了代表皇室的"锦之御旗"。**

义满率领细川氏、斯波氏、大内氏等强力武将一同守护内野。山名军存在迟到的部队，所以无法全力进攻。隶属幕府军的大内义弘在二条大宫摆开阵势，英勇奋战，氏清与满幸的军队只坚持一日就崩溃了。

🌸战后 通过欺骗南朝，实现了南北朝的统一

战败以后，山名氏的领地由 11 国减少至 8 国，失去的都是京都附近的领地，整个势力急转直下。

如此，在逐步吸收了强力守护的势力后，足利义满开始将手伸向南朝。手段可谓十分巧妙。

义满向南朝的后龟山天皇表示"希望南朝能够回归，我们还是会保持两统迭立的"。后龟山天皇方面便将三神器带回。**但得到神器的义满后来食言，北朝独占了皇位。**这样，持续了半个多世纪的南北朝之争，在义满的运作下宣告结束。

推动室町幕府进入安定时期的义满与明朝建交，获得了"日本国王"的封号，为儿子义嗣举办了一场和皇族一模一样的元服仪式（成人礼）。有人推断"义满想要取天皇而代之"。然而义满是否有此考虑，直到现在仍然没有明确的解释。

足利义满跟皇室和公卿积极交流，这种方法比直接使用武力更为强大，而山名氏没能看出端倪，必然会失败。

超译解说 **明德之乱的教训**

足利义满削弱山名氏的做法，如同当今的企业并购那样巧妙。一开始表现出一种友好的收购态度，亲近对方，却在暗中挑起对方内部的分裂，最后强行进行并购。

在吸收南朝之时，义满也是一开始开出了有利条件，之后翻脸不认人。

不管是好是坏，作为领袖的足利义满并不单纯依靠武力，而是长于沟通。这也是出于他同时受到了武家与公家两方文化熏陶的缘故。

少年时代的义满在优渥的环境中成长，懂得了很多公家的做事风格。朝廷认为义满"能够理解朝廷的情况，并不是一介武夫"，对义满表达了信赖。能够获得本属于朝廷管辖的京都的警察权，估计也是这个原因吧。多亏了手中的警察权，义满才能在明德之乱中预先配备大量的兵力。

俗话说，富不过三代。然而，好的出身、好的生长环境确实是有利条件。凭借自己的聪明才智，明晰对方的目标，先下手为强，才可让自身永远处于优势。

正长土一揆

陷入债务泥潭的农民
在近畿一带发生暴动

场	畿内		**数**	仅山城国就有数千人
战	农民，马借 vs 寺社，商人		**原**	农民生活贫困
键	赤松满祐		**结**	幕府广发德政令
死	不明		**损**	东寺的佛堂被烧毁

战前 一年之间，债务连本带利涨了 1.5 倍

近年来，时常会看到一些针对卑劣的高利贷业者的诉讼，其实这样的事情早在室町时代就已出现。

当时货币经济急速增长，因此一些年利率 50%—72% 的高利贷横行市场。那些无法交地租的农民借了钱之后还不上钱的情况接连发生。

这一时期进行金融活动的主要是酒屋与土仓。酒屋通过缩减流通渠道，获得了巨额资金。而土仓则负责用仓库保管农作物以及其他商品。幕府开始只收取货币税租，不再接受大米、布匹等实物地租。如此一来，可以接受委托，将实物变现的酒屋和土仓开始大量出现。

另外，那些拥有庞大庄园的下级僧侣和神官，也开始把高利贷作为副业。

⚔ 战局 趁天皇改元，要求匡正世道的声音频繁响起

正长元年（1428）是室町时代灾害最多的一年。京都4月流行了瘟疫，5月和6月都发生了大洪灾。在东边，发洪灾更是家常便饭，各地都出现了触目惊心的大饥荒。

无独有偶，幕府足利义教在这一年继任将军，后花园天皇也在这一年取代称光天皇继位。年号从"应永"改为"正长"，民众心里都觉得应该会发生什么好事情。

结果，8月份近江国（今滋贺县）的马借（物流业者）们集体要求"德政"，希望领导者能够将他们身上的债务一笔勾销。

众多贫农也加入活动当中，接连袭击了众多经营高利贷的酒屋和土仓。这个形势不久蔓延到京都，一度到达了近畿一带。起义的人们已经成了暴徒，再也无法等闲视之。

如今海外新闻中经常会出现示威队伍打砸商店、恶化治安的画面，正长农民起义就是这个样子。

幕府侍所（相当于警察机关）的一把手赤松满祐希望尽可能镇压起义，然而一些酒屋和土仓，以及奈良兴福寺等大型寺社迫于起义的压力，私自向起义队伍答应了德政。

本来命令取消债务的德政应当是由幕府发出，所以，**这种金融业者以及寺社独立施行的德政就被称为"私德政"。**

战后 "一揆"本来并不指农民暴动

在遭受了农民暴动的京都兴福寺，有一个名叫寻尊的和尚在日记里这样写道："天下所有的土民蜂起。""自有日本以来，土民蜂起还是头一回。"

实际上，在正长农民起义之前发生过几次农民暴动，然而都是短暂的、局部的。像这样大规模，令幕府焦头烂额的暴动还是第一回。

顺带说一句，**"一揆"这个词本来不指农民暴动，而是指地方上的武士为了某个目的而团结一致。**

但是，从正长农民起义之后，"一揆"就被用来指代农民针对领主的暴动了。

最终暴动被幕府军镇压，然而暴动在各地的余波以及地方豪强面对暴动的意见不统一，导致幕府内部发生了动摇。而且，各地的农民自治组织也从此发达起来。

这是货币经济发展所招致的事端。幕府的失策导致极端高利贷的盛行，最后酿成了大规模农民暴动。

超译解说 正长土一揆的教训

　　镰仓时代，幕府本来顶住了元军的进攻，却被之后的封赏问题拖了后腿。最后，镰仓幕府向那些非常贫困的御家人发布了德政令，极大地消除了他们的不满。

　　室町幕府可以说完全没有向历史学习。如果早一点发布德政令的话，暴动范围可能就不会进一步扩大。

　　那么，幕府为何没有及时处置这件事呢？这是因为，暴动的主体不是武士，而是普通民众。2018 年，法国发生了大规模示威游行事件，一时成为新闻。民众对增税非常愤怒，最后在巴黎酿成了大规模暴动。

　　幕府小瞧了民众的力量，导致事情蔓延到了京都，最后没办法只能诉诸武力。然而如果在蔓延到京都之前就做好安抚工作，进行一些相应的调整，比如制约高利贷的泛滥等，结局肯定会更好。

　　将税务活动外包给商人，然后自己只管坐着收钱，这样的想法是无法应对大灾大难的。若是向他人解释"一个稳定政权的崩溃始于民众的不满"这句话，正长土一揆就是一个简单易懂的例子。

嘉吉之乱

被臣子们集体嫌弃
将军惨死在宴会上

场	二条邸（今京都府）	**数**	不明
战	赤松满祐 vs 足利义教	**原**	幕府介入赤松氏事务
键	赤松贞村	**结**	将军被暗杀，主犯赤松满祐自杀
死	足利义教，赤松满祐	**损**	不明

战前 抽签选出来的恐怖独裁者

在任上实行"恐怖统治"，最后"惨死"，这些劲爆的标签，当属室町幕府第六代将军足利义教。

义教是个幸运儿，登上将军之位纯属偶然。第五代将军义量是个无可救药的酒鬼，17 岁就去世了。足利家的人们为避免在继任问题上产生骚乱，于是采用了抽签定胜负。结果，选出的是第三代将军足利义满的第四子义教。

义教早年出家为僧，后还俗，并于正长二年（1429）继任将军，开始了他的恐怖统治。在某次仪式中，面对一个朝自己笑了笑的公卿，义教直接没收了他的领地。如果饭做得不好吃，义教会直接将厨子砍头。僧人日亲打算劝谏，却被义教将一口烧红的大锅盖在头上并切掉了舌头。如此的暴行可谓鬼见也愁，周围的人更是震颤不已。

之后，恣意妄为的义教视镰仓公方足利持氏为眼中钉，

驱使关东管领将持氏逼死。一色义贯、土岐持赖等各地有
力守护也被义教消灭。

⚔️ 战局 暗杀主犯挑着将军头颅回到封地

　　"恐怖之王"足利义教不断地干掉让自己不爽的人，
终于，他要对自己的心腹开刀了。

　　播磨国（今兵库县）守护赤松满祐原本是义教忠诚的
部下。然而义教却没收了满祐弟弟义雅的领地，赐给了赤
松贞村，以此来分化赤松家。"终于要轮到我了吗？"赤
松满祐一脸的凝重，准备先打义教一个措手不及。

　　嘉吉元年（1441），足利持氏的儿子在关东挑起的结
城之战被镇压。满祐举行了庆功酒宴，并请义教光临自己
的府邸。

　　宴会的余兴节目是猿乐，当时大家正在热闹气氛中，

Chapter 3　从南北朝战乱到室町幕府的消亡

突然从幕后传来了"咚咚咚咚"的声音。义教觉得有些异样，旁边的公卿三条实雅故作满不在乎地说了一句："雷声吧。"

突然，**拉门一开，数十个身披甲胄的武士闯入，立刻就把义教杀掉了。**一同出席的山名熙贵、大内持世等在恐怖政治中尝到甜头、出人头地的守护们也尽数被杀。

满祐用刀挑着义教的头颅大摇大摆地走了出去。由于事出突然，幕府根本做不了什么，满祐悠哉游哉地回到了自己的领地播磨国。关于义教的死，伏见宫贞成亲王在日记中写道："从来没有将军死得如此不明不白。"

战后 义教之死开启足利家的凋零

将军突然惨死，幕府陷入了恐慌。事件发生两个月后，山名持丰（宗全）、细川持常、赤松贞村才开始讨伐赤松满祐。

幕府军接二连三地攻陷了播磨国的军事要冲，满祐走投无路，最终自杀。其子教康虽然逃到了伊势，但后来也在当地自杀了。

第二年，相当于将军副手的管领细川持之将义教之子、8 岁的义胜立为将军，然而继位后 1 年不到，义胜夭折了。6 年后，义胜的弟弟义政又以 13 岁的低龄继任将军。

臣子杀掉将军，之后的继任者普遍年幼又缺乏政治手腕，足利家因此权势扫地。之后，因讨伐满祐有功的山名持丰成为可与细川家匹敌的豪强。直到应仁之乱（参照 138 页），幕府一直保持着双雄并立的体制。

被今后的肃清目标先一步反杀，义教不可谓慎重。而满祐则不该独断行事，应当寻求盟友。

超译解说 嘉吉之乱的教训

即便没有过分到足利义教的程度，当今社会依然存在着很多行为突破底线、大发淫威的上司。那些沉迷算卦或是拜神的"迷信上司"更是让人受不了。

义教虽然能够担任将军，但这和他的能力没有什么关系，就是凭运气。但是他本人深信此乃天意，所以在之后的政治活动中，他也经常使用抽签的办法决策。如此来看，他确实没有才干。

而恐怖政治，或许是缺乏实力与自信导致的后遗症。过分自信而轻视风险评估，结果就是死于非命。而且，面对已经被自己削弱势力的满祐的邀请，义教仍然随随便便地赴约，真是太不慎重了。

义教被暗杀再到满祐被讨伐，这中间之所以会空出两个月，是因为幕府的豪强们反而发自内心地对暗杀事件表现出乐见态度。然而，满祐在暗杀义教后是怎么做的呢？他并没有进行充分地沟通，于是最后被当成了叛贼。

再怎么说，满祐也要补救一下自己的行为。比如在暗杀后主持解决将军的继任问题，或是与朝廷取得沟通等。

享德之乱

1454—1482 年　室町时代

应仁之乱背后
长达近 30 年的关东大战

场	关东圈	**数**	不明
战	足利成氏 vs 上杉氏	**原**	镰仓公方与关东管领的对立
键	足利政知	**结**	关东开始了战国时代
死	上杉宪忠	**损**	不明

战前 父辈的恩怨点燃了战火

　　为了统治关东地区，京都的室町幕府设置了镰仓府，发明镰仓公方这样一个职位，又配了一个关东执事（管领）作为公方的副手。

　　自第二代将军足利义诠开始，关东管领由上杉氏担任。上杉氏通过镇压暴动等方式，一点一点地积蓄力量。永享之乱中，上杉宪实攻打与足利义教对立的镰仓公方足利持氏，并迫使足利持氏自杀。

　　义教于嘉吉之乱（参照 130 页）中丧生后，足利持氏的儿子成氏趁着幕府大乱时成为镰仓公方。上杉家则由宪实之子宪忠继任关东管领。两者的关系，因父辈的恩怨而蒙上了一层阴影。

　　不久，**幕府常常越过镰仓公方，与关东管领直接沟通，**成氏对此大为不满，于享德三年（1454）12 月，谋杀了宪

忠。由此，成氏在幕府眼中成了叛徒，关东的豪强也纷纷被卷入争斗。足利成氏长达 28 年的艰难反抗，由此拉开序幕。

⚔ 在应仁之乱的波及下，战火越烧越旺

　　成氏联合下总国（今千叶县）的武田氏、安房国（今千叶县）的里见氏、武藏国（今埼玉县）的小山氏等武将。上杉氏则和长尾氏、太田氏一同对抗成氏。

　　康正元年（1455），双方阵营在武藏国（今东京都）的分倍河原正面冲突。胜利的成氏北上，在古河（今茨城县）建立了自己的根据地，于是被称作"古河公方"。

　　之后，下野国（今栃木县）的宇都宫氏与下总国的千叶氏经历了族中内乱，最后归顺成氏。

　　战乱开始一年后，关东的势力局面逐渐稳定下来。以

利根川为界，西关东属于上杉氏，东关东属于足利成氏。

而上杉家的家宰（重臣）太田道灌建造了一所前线基地，便是江户城。

幕府派遣义政的异母兄长政知担任新的镰仓公方。**由于成氏方面的抵抗，政知最终没能进入镰仓，而在伊豆的堀越设置了根据地，成为"堀越公方"。**堀越公方与上杉氏经常出现抢夺主导权的纷争。

应仁元年（1467），上杉氏和政知一方联合细川氏，而成氏一方联合山名氏，战火再次扩大。小山氏背叛了成氏，而长尾景春背叛了上杉氏，导致势力图支离破碎。

文明九年（1477），足利成氏的军队在针谷原、用土原（今群马县）两个地方对上杉军发起突击，然而战争陷入胶着状态，最终双方协议停战。

战后 关东早早地进入了战国时代

成氏与上杉氏停战后，上杉氏还在与谋反的长尾景春战斗。太田道灌用了4年才彻底平定了景春的叛乱。其间，越后上杉氏还担任成氏的斡旋人，促使成氏与幕府和解。

文明十四年（1482），古河公方与幕府达成和解。成氏被正式任命为镰仓公方，伊豆却割给了堀越公方足利政知。

在长达28年的享德之乱中，**幕府的关东统治完全乱套，关东进入了群雄割据的状态。**所以也有人认为享德之乱才是战国时代的肇始。

> 公方的立场被幕府无视，这是幕府在制度设计上的失误。而对敌人之子许以高位，同样是幕府的一大失误。

`超译解说` **享德之乱的教训**

享德之乱的发生与长期化，源自室町幕府在统治关东时的决策与业务跟进方面的失策。

本来关东管领相当于镰仓公方的副手，但幕府竟然越过镰仓公方，公然与关东管领的上杉氏沟通。当一个组织中拥有多位手握实权的领导时，各方自然而然地就会围绕主导权发生斗争。

即便在成氏谋反后，幕府派遣了足利政知担任新公方，这种"争当一把手"的情况依然没有得到改善。最终，上杉氏与政知的矛盾竟然让成氏渔翁得利。

当初，室町幕府为了不让南朝有所造次，选择在京都建立大本营，所以比起镰仓幕府，他们忽视了东边的情况，结果东西两方都发生了战乱。其实本来更容易处理，战乱也只有武士活跃的关东地区而已。

镰仓公方本来由足利尊氏的四子基氏的子孙代代担任，而因为将军家中没有明确的上下级关系，所以时常与幕府产生冲突。结果，在力量上压制镰仓公方的上杉家不断坐大。

综上所述，室町幕府在设计政治制度上的失利，必然会导致享德之乱的发生。

应仁之乱

一眼望不到头的战乱
根本没有真正的赢家

场	京都	**数**	16 万人（东军）vs 11 万人（西军）
战	东军 vs 西军	**原**	畠山氏的继任问题
键	足利义政	**结**	平局
死	细川胜元，山名宗全	**损**	京都的市镇被毁

战前 两军首脑本不交恶

"责任人悉数去世，无人收拾残局"，说的就是应仁之乱。一般而言，细川胜元和山名宗全的权力争夺是应仁之乱的主要原因，然而这两人最初并不对立。

第八代将军足利义政没有儿子，所以想让已经出家的弟弟义视继任将军。义视因此还俗，但有意思的是，不久义政的妻子富子生下了义尚。义政的心腹伊势贞亲计划让义尚继任将军，而细川胜元与山名宗全则一同选择保护义视。

同一时期，与细川氏、山名氏齐名的有力守护畠山氏内部生变。前族长的儿子畠山义就与其族弟政长围绕继位问题发生争斗。虽然胜元支持政长，但在宗全强有力的庇护下，最终义就继任族长。

心怀不满的政长集结军队，义就也做好了战争的准备。应仁元年（1467）正月，两军在京都的上御灵神社交战。

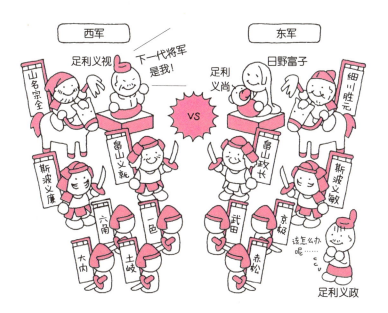

义政虽然命令"他人不得干涉",然而宗全加入了义就的军队,政长于是逃往胜元的怀抱。

之后,**胜元政长的集团占据京都以东,而宗全义的集团占据京都以西**。两军相持不下,终于在5月爆发了大规模战斗。

⚔ 战局 大将虽死,战乱依旧

应仁之乱的大幕已然拉开,出乎胜元和宗全预料的是,众多武将相继加入这场大战中。

出于与宗全在领地问题中的对立,安艺国(今广岛县)武将武田信贤、播磨国武将赤松政则加入了胜元的东军。而与胜元之间拥有领土纷争的三河国(今爱知县)武将一色义直,以及与京极氏不和的土岐成赖、六角高赖加入了宗全的西军。另外,与畠山氏同样发生内部纷乱的斯波氏中,继任当家的斯波义廉加入了西军,不满宗内安排的斯波义敏加入了东军。

Chapter 3　从南北朝战乱到室町幕府的消亡

最初东军因为与将军义政身处统一战线而握有优势，然而西军又因大内氏的加入而更胜一筹。义视和哥哥义政一开始同为东军，但义视看伊势贞亲不顺眼，最后转而加入了西军。

西军的目标是让义视继任将军，而东军试图恢复义政政权，兄弟俩之间由此形成对峙局面。两军纷纷将粗野的下级武士（足轻）和贫困的农民投入战场，使得京都几成荒地，治安大幅度恶化。

战乱逐渐走向了长期化。文明五年（1473），宗全和胜元相继去世，东西两军仍然继续战斗。然而，他们已经快要忘记战斗的目标是什么了，渐渐地，厌战的情绪在两军中扩散开来。

战后 幕府权威扫地，战国大名崛起

打到最后，本就对政治和军事不那么感兴趣的足利义政深感厌倦，将将军的位子让给了义尚。

文明九年（1477），义视与义政重修旧好，这场持续了 11 年的战乱终于平息。

虽然应仁之乱没有赢家，但京都的公卿和僧人们流落各处，给地方文化的发展带来了一定的推动作用。

京都的将军权威完全扫地，地方上的一些老资格守护大名的实力也大幅度衰弱。由此，民众的自治开始活跃起来，新兴的战国大名一个接一个地登场了。

一言以蔽之，应仁之乱将权力结构大洗牌，是日本历史上一个重大的转折点。

决定胜负的关键

> 这场战乱和如今的互联网舆论失控很相似。随着加入的人越来越多，当事人会丧失平息问题的能力。

`超译解说` **应仁之乱的教训**

应仁之乱使京都市镇化为一片焦土。然而，参加这场战乱的所有人，都只专注于自己的利益，于是事件逐步失控，最后走向长期化。虽然战斗是在现实世界中发生的，但是战火蔓延的方式，和如今社交网络中的舆论失控一般无二。

肆意妄为的不仅仅是武将，还有那些无名的下级武士。他们为了一点点金钱上的利益，在战场上极尽暴乱之能事。军队不能实行有效的管控，可谓是室町幕府权威扫地的一个明证。

要想平定社交网络的舆论失控，首先需要当事人发布一条官方致歉声明。然而将军足利义政根本没有什么有效策略。他是个一味沉浸在建筑和艺术中的宅男，无意收拾残局。

而且，幕府的风险管理人细川胜元和山名宗全本该拿出对策，但他们自身就是战乱的始作俑者，且没预料到战火会蔓延如此之广。战乱虽然终于义政，但确实也是始于义政。义政自身没有领导才能，加入的武将又越来越多，战火的蔓延成为必然。

长享之乱

1487—1505 年　室町时代

旧有势力日益衰弱
关东大乱的第二轮

场	关东圈	**数**	不明
战	山内上杉氏 vs 扇谷上杉氏	**原**	上杉氏的内部纷争
键	伊势宗瑞（北条早云）	**结**	扇谷上杉氏弱化
死	太田道灌	**损**	不明

战前 预言主家灭亡的太田道灌

　　与镰仓公方一同掌管关东的关东管领上杉氏分为两派。本家是以镰仓的山内为据点的山内上杉氏，还有一个支脉是以镰仓的扇谷为据点的扇谷上杉氏。

　　然而，在镰仓公方与关东管领发生冲突的享德之乱（参照 134 页）后，本来处于辅助地位的扇谷上杉氏急速崛起，关键的人物便是太田道灌。

　　享德之乱进行到后半段时，山内上杉氏旗下的长尾景春背叛了主家，而道灌作为扇谷上杉氏的家臣，花了 4 年时间才平定了这场叛乱。

　　立下大功的道灌擅长作战和筑城，并且知识渊博，和歌、汉诗信手拈来，可谓是一个全才。然而木秀于林，风必摧之。享德之乱结束后，因为道灌未曾卸下江户城的防备，为主公上杉定正所猜疑。文明十八年（1486）8 月，

定正邀请道灌来家中游玩，并在浴室杀死了道灌。相传道灌在死前，喊了一声"主君必亡！"

⚔战局 半路杀出程咬金

　　道灌死后，其子资康和手下的家臣栖身在山内上杉氏的上杉显定门下。其实山内上杉氏早就觉得"扇谷那帮人欺人太甚了"。

　　资康与显定拉拢了位于北陆的越后上杉氏、相模国（今神奈川县）的三浦氏等势力，定正则是和曾经的敌人古河公方，也就是足利成氏，以及背叛上杉氏的长尾景春等人结成同盟。经过多日的对峙后，两个阵营终于在长享元年（1487）11月爆发了战乱。

　　首先，越后的上杉定昌攻击了如今位于栃木县的劝农城，不久之后战火就烧到了关东各地。两军在高见原、须贺谷（分别位于今茨城县南部、埼玉县南部）反复发生了大规模冲突，最终呈现出胶着的状态。

幕府的驻外机构堀越公方因为手下兵力不足，无暇顾及两军交战。而且还遭到了骏河国（今静冈县）守护今川氏的手下伊势宗瑞从西面发起的攻击。**宗瑞趁战乱之机，夺取了堀越公方的大本营。**

继任堀越公方的足利茶茶丸向山内上杉显定求援，故而宗瑞与扇谷的定正结了盟。面对"强大的友军"而喜不自胜的定正在渡河时突然落马丧命，时人皆称是"道灌的亡灵作祟"。

独立出来的宗瑞，继伊豆之后又控制了茶茶丸栖身的甲斐国（今山梨县）。看到宗瑞在短时间内急速成长的两家上杉氏，终于在明应八年（1499）休兵讲和。

战后 真正的赢家成为（后）北条氏 ① 之祖

虽然山内和扇谷两方休兵后曾一度和睦相处，然而潜在的矛盾并未消除，文龟三年（1503），两军在位于今东京都立川市附近的立河原再次开战。这一次，与伊势宗瑞和今川氏结盟的扇谷方获得了胜利。

然而，宗瑞军与今川军回到领地之后，马上孤立了扇谷方，扇谷方也很快就被山内方包围。永正二年（1505），扇谷上杉氏族长上杉朝良最终投降，长享之乱得以终结。

就这样，**投降的扇谷上杉氏自不必说，胜者山内上杉氏的力量也遭到大幅削弱。**而伊势宗瑞，后改名为北条早云，其势力在关东已然崛起。

---

① 日本历史上有两个北条氏，第一个是镰仓时代的执权豪族，第二个是战国时代的关东豪族。两者并无血缘关系，为了区分，后者又被称为后北条氏。

决定胜负的关键

两家上杉氏过于关注正面的敌人。而伊势宗瑞可谓是找到了一片自己能够主宰的战场。

超译解说 **长享之乱的教训**

在上杉氏的内部纷争中坐大的伊势宗瑞（北条早云），果真应了那句话："鹬蚌相争，渔翁得利。"

扇谷上杉氏族长定正的失误在于，首先是并未深入调查就杀掉了能干的部下道灌；然后是倾全力在正面与山内上杉氏对抗，却忽视了宗瑞这个新势力。

那么到底该如何防止"渔翁得利"的情况出现呢？需要采用短期决战的方法，换句话说，太过专注，你就输了。即便短时间不能分出输赢，也应在适当的时机鸣金收兵，两方暂时合力干掉"渔夫"。

作为真正的赢家，有说法认为宗瑞最早只是一介无名浪人，但实际上认为其是任职于幕府政所的官僚精英的观点，要更加有说服力。

在京都的中央政界崭露头角后，伊势宗瑞把目光投向了当时一片混乱，且无人拥有绝对优势的关东。这种模式让人联想起苹果公司在台式电脑竞争白热化之时，果断从移动设备中寻求出路的做法。

找到一片自己能够主宰的战场，这就是伊势宗瑞之所以能成为战国武将先驱的原因。

加贺一向一揆

1488 年　室町时代

团结在宗教下的民众与武士
自主经营加贺国 100 年

场	加贺国（今石川县）	数	不明
战	一向宗门徒 vs 富樫氏	原	富樫氏对领内民众的镇压
键	细川政元	结	一向宗控制加贺
死	富樫政亲	损	不明

战前 应仁之乱中爆发了宗教一揆

　　员工团结一致驱逐独裁社长，最终自己掌握经营权，这就是"加贺一向一揆"。

　　当世间饱受应仁之乱摧残时，一向宗（净土真宗）首领莲如来到了越前国（今福井县）吉崎。因为在京都，大势力延历寺（天台宗）不允许新兴的一向宗传教。**莲如只得深入北陆一带，靠向庶民教授浅显易懂的"御文"（亲笔信），增加信徒数量。**

　　此时，加贺国守护富樫氏内部发生了从属东军的当家政亲和从属西军的弟弟幸千代之间的争斗。由于幸千代拉拢了一向宗内部与莲如对立的高田派信徒，所以政亲将莲如所属的本愿寺派信徒引进自己麾下。

　　莲如本人不喜争斗，向教徒呼吁"不要参加战争"，希望能够贯彻中立。然而文明六年（1474），受到本愿寺

派支持的政亲成为赢家，本愿寺派也成为不容忽视的一大势力，众多村落中出现了信徒的集体自治。

✖ 战局 一揆之后爆发政变

应仁之乱于文明九年（1477）结束，之后虽然政亲和将军足利义尚紧密勾连在一起，但在加贺反抗的西军残党也不少。加之政亲因为军费问题增收了大量苛捐杂税，领内民众的不满情绪也逐渐高涨。

长享元年（1487），政亲跟随义尚征讨近江国（今滋贺县）的六角氏。然而，围绕地租问题，一向宗的信徒团结一致，发动了一揆。西军残党的武士们响应一揆，掀起了政变。

政亲仓皇回国，以约 1 万的兵力在高尾城（今石川县金泽市）踞守。然而，一揆的人数多达 20 万人左右，**其中不只是农民，还有反政亲派的国人（乡间的武士领主）。**当时好像还有"只要信奉一向宗，不管是农民还是武士，都是平等的阶级兄弟"的说法。总之，大军将政亲被团团围住。

虽然被包围的政亲拼死力战，然而身处劣势，城破也只是时间问题。

幕府于长享二年（1488）5 月命令越前的朝仓氏救援政亲，然而不等援军到来，翌月高尾城被攻陷，政亲自杀。

战后 在幕府的默许下，信徒实现了自治

将军义尚大为光火，逼迫莲如"开除所有参与一揆的人的教籍"，然而不久之后义尚便去世了。

在加贺，一揆的参与者们掌握了实权，推选政亲的族人担任形式上的守护。义尚死后掌握幕府实权的细川政元认为，"比起与一向宗敌对，最好能够加以拉拢和利用"，所以默许了一向宗的自治。

此后约 100 年间，**加贺维持着自治。虽然被称为"百姓自治的领土"**，但正确来说，应该是本愿寺派的豪强以及信奉一向宗的武士、农民联盟所进行的集体统治体制。

风云变幻，天正八年（1580），柴田胜家奉织田信长之命攻陷了吉崎御坊（位于今福井县的净土真宗寺院），一向宗的自治体制因此宣告结束。

加贺一向一揆并不是单纯的暴动，它是武士与僧侣集团合作之下的成果。而加贺守护可谓是倒在了汹涌的集体意志之下。

超译解说 加贺一向一揆的教训

由于众多与富樫政亲敌对的有力领主也参加了此次一揆，所以这并不是以农民为主体的军事集团。而且，能够与幕府实权人物细川政元搞好关系，是自治得以维持的重大原因。由于幕府的默许，一向宗的信徒此后在北陆地方帮助细川氏攻打敌对势力。

不过话说回来，即便一揆成功，如果之后发生了内部纷争，很快这个集体也会土崩瓦解。但是一向宗的信徒相信不论身份如何，只要口唱"南无阿弥陀佛"就能往生极乐，所以一向宗是一个"农民也好，武士也好，僧侣也好"，平等意识很强的宗派。也就是说，他们并不是乌合之众，信仰在此成为超越身份的凝结核心。现代组织也是一样，规定目标、统一意见与明确方向是最重要的。

然而，莲如所呼吁的真是这样吗？"就算是坏人，只要口唱佛号就能得到救赎"的思想并不等于"就算行恶，只要口唱佛号就能得到救赎"。这两种思想的人，信徒中都存在，但后者或许才是群体意志得以强化的原因。

明应政变

臣子废立将军
幕府的权威崩塌

场	京都	**数**	不明
战	细川政元 vs 足利义材	**原**	细川氏发动政变
键	日野富子	**结**	足利义材丧失将军的地位
死	畠山政长	**损**	不明

★ 战前 将军家的大人们接连去世

当一个传统的大企业内部纷争不断，一把手如走马灯般更换时，大家都会感觉这家企业差不多快完了。室町幕府在进入后半期后，也进入这样的状况。

长享三年（1489），第九代将军足利义尚早早过世，年仅 25 岁，这似乎与其嗜酒有很大关系。继任将军是足利义视之子义材，推荐他上位的是义材的姨母日野富子。

很快义政也去世了。义视与义材渐渐地对富子不再尊敬。毕竟当年义视在就任将军时遭到富子的阻挠，心里面肯定是有恨的。

不过，之后义视也过世了。义材失去了后盾，立场变得不稳。于是义材便与幕府管领畠山政长联手，而富子则向政长的对手细川政元（胜元之子）靠拢。**政元为人迷信，并且擅长阴谋。**

⚔战局 "无根将军" 被抛弃的悲剧

　　得到畠山政长帮助的义材，解决了义尚没能解决的六角氏，向世人展示了自己的力量。之后义材认为应当消灭畠山氏内部与政长敌对的基家（畠山义就之子），于是在明应二年（1493）2月，出兵河内国（今大阪府）。

　　政元与富子看到义材与政长离开京都，决定实施政变。他们扶植堀越公方足利政知之子，当时已经出家的清晃为新任当家。清晃时年13岁，是一个与政治无缘的少年。换言之，他只不过是政元的傀儡而已。

　　政元还控制了京都中义材的亲人们，并且袭击了义材的心腹。

　　而在河内，政长之外的很多武将纷纷抛弃了义材，选择归顺政元。这些河内的武将认为讨伐基家只是"将军家的内部矛盾，和自己没有关系"，而且义材长期不在京都，与幕府的干部们没有紧密联系，只是一个"流浪将军"。

义材和政长坚守在河内正觉寺，外面那些归顺政元的军队还在重重包围，搞得义材进也不是退也不是。防守战进行了1个月左右，最后以政长的自杀、义材的投降而告终。

翌年，足利清晃改名为义高，成为新任将军（之后又改名为义澄），**政元因此掌握了幕府的实权，被人称作"半将军"**。

战后 开启真正的战国时代

臣下擅自废立将军，足利氏的权威跌到了谷底。为了呼应西边细川政元的行动，东边的伊势宗瑞（北条早云）驱逐了堀越公方，葬送了幕府的关东支配权。从这一点来看，明应政变才真正开启了战国时代的观点，也是合理的。

义材被捕后，暗中溜到了越中国（今富山县），并拉拢了北陆守护，建立了亡命政权"越中幕府"。

后来细川氏出现内乱，义材与政元的养子细川高国联手。在政元死后的永正五年（1508），义材改名义稙，后重返将军之位。

然而，就任后的义稙与意图强化独裁的高国又产生了矛盾。大永元年（1521），义稙又被拉下将军宝座。一生颠沛流离的他，被世人称为"流浪公方"。

细川政元从小就与幕府要员有着紧密来往，所以得以在政变中运用这层关系。而足利义材则没有找到合适的合作伙伴。

超译解说 明应政变的教训

现代政治的世界中，当政治家在一处自己完全没有根基的选区成为候选人时，被称为"天降候选人"。换言之，争夺将军之位的义材，就是一个"天降候选人"。

由于应仁之乱使京都变成了一片火海，所以年少时的义材在美浓国（今岐阜县）长大。即便之后就任将军，与周围的重臣们也没有什么紧密联系，可以说他既没关系又没才干。虽然讨伐六角氏展现了他的实力，但畠山氏是他唯一的后盾。后因畠山政长的劝诱去攻打基家，但其实没有必要。

虽然成为"天降候选人"没什么不好，但至少应该看清楚谁是自己的敌人，好好想一想今后应当怎么做。

细川胜元之所以能够获胜，是因为他与日野富子身处同一战线。富子是前任将军义尚的母亲和再前任将军义政的妻子，拥有事实上的人事权。

另外，义材与政元年龄相仿，在明应政变时都是二十五六岁的年纪。然而在权力判断的问题上有这样大的差别，或许是政元一直在京都的权臣们圈中长大的缘故。在政治的世界中，人脉是需要从小积累的。

河越城之战

1546 年　室町时代

四面楚歌的北条军
靠夜袭实现了大逆转

场	川越（今埼玉县）	**数**	约 1.1 万人（北条军）vs 约 8 万人（上杉军）
战	北条氏 vs 上杉氏	**原**	争夺河越城
键	今川义元	**结**	扇谷上杉氏灭亡
死	上杉朝定	**损**	不明

★ 战前 被上杉、今川、武田三面包围的北条氏康

　　位于今埼玉县川越市的河越城，是控制关东北部的扇谷上杉氏的重要据点。它紧靠通往镰仓的要道，并且周围河川环绕，是个易守难攻的地方。

　　以小田原为据点的北条氏常常与上杉氏冲突。天文六年（1537），北条早云之子氏纲夺取了河越城。4 年后，氏纲去世，上杉氏认为此时恰是良机，发兵河越城，然而却被氏纲的继承人、年仅 26 岁的氏康打得落花流水。

　　之后，北条氏与上杉氏依旧围绕着河越城对峙。然而天文十四年（1545）8 月，**骏河国（今静冈县）的今川义元和甲斐国（今山梨县）的武田信玄突然从背后对北条氏发起了猛攻。**

　　此时，扇谷的上杉朝定与山内的上杉宪政和古河公方足利晴氏联手。实际上晴氏的妻子是北条氏康的异母妹妹，

所以对北条氏而言，这属于近亲叛乱。此时的北条氏康，面临着巨大的危机。

⚔ 战局 先拱手让城，后果断奇袭

氏康为了打开突破口，先与武田阵营接触，并和武田、今川两军议和。代价是向今川氏割让富士川以东地区。

据后世的军记记载，上杉氏与足利晴氏两家的兵力总共 8 万人，北条氏在河越城只有 3000 人左右。战力对比实在夸张，形势对北条军很不利。

然而，河越城城主是北条氏首屈一指的猛将北条纲成。纲成将上书"八幡"的黄色旗帜绑在身上，出入战场如入无人之境。众人闻风丧胆，称其为"地黄八幡"。

氏康对上杉氏表示"城我可以给，但你们要保证城内士兵的安全"，**然而被拒绝了，上杉军轻率地认为"北条**

已无可战之兵"。**氏康察觉此事，果断发动奇袭**。所有的一切，都是氏康的策略。

天文十五年（1546）4月20日，率8000人前来救援河越城的氏康，趁着夜色对扇谷上杉军的大本营砂久保发动了奇袭，杀死大将上杉朝定。于是包围圈不战自溃，两家上杉氏和足利氏的军队陷入了恐慌。

之后，城内的纲成见天赐良机，率军开城冲锋，上杉军猝不及防，吃了大败仗，慌忙逃窜。作为"下克上"之祖北条早云的子孙，氏康的作战方略无懈可击。

🌸 战后 东日本势力大洗牌

朝定一死，扇谷上杉军处于崩溃状态，而仓皇跑回古河的晴氏也完全失去了战力。

北条氏乘势而起，势力延伸至上野国（今群马县）。而山内的上杉宪政由于不堪北条氏的压力，逃到了越后国（今新潟县），将当家位子让给了守护代的长尾景虎。景虎此后改名为上杉谦信。

河越城之战是一个转折点，它导致足利氏的支脉古河公方，还有从室町初期就担任关东管领的山内上杉氏退出关东舞台。此地的豪强，变为了北条氏、武田氏，还有继承上杉之名的长尾氏。

另外，**江户时代的儒者赖山阳将河越城之战、毛利氏获胜的严岛之战、织田信长打败今川义元的桶狭间之战，并称为"日本战国三大偷袭战"**。

> 北条氏康贯彻"选择与集中"的策略，顺利度过了逆境。而上杉足利联军则没有顾及长期作战所产生的心理问题。

超译解说 **河越城之战的教训**

据后世的军记记载，北条氏康在此战下达了很多细节上的命令。比如为了利用昏暗的环境奇袭而不点灯笼，改用暗号以区分敌我；将四分之一的部队转做预备兵力；为了速战速决而采用"打带跑战术"；等等。

虽然不清楚这些记载有多少是史实，但氏康毫不敷衍、精准管控的策略确实十分出色。

至少我们能够明确的是，为了最大限度活用手下稀少的兵力，氏康践行了"选择与集中"的策略。特别是与今川军和睦，舍弃西部的"选择"无比正确。也就是说，正因如此，他才得以将兵力"集中"在能够消灭反北条联军的大本营中。

上杉军在人数上处于压倒性优势，但长期的包围作战导致军心涣散。一旦听闻"敌方拱手让城"的消息，心中紧绷的弦就会立即松懈，被北条氏偷袭后陷入恐慌也是出于此因。所以，即便大军在人数上占据优势，上杉军也需要让部下进行适度的休息，让紧张感维持在一个合理的程度为好。

严岛之战

谋略天才毛利元就
风雨之夜发动奇袭

场	严岛（今广岛县）	**数**	约 5000 人（毛利军）vs 约 2 万人（陶军）
战	毛利氏 vs 陶氏	**原**	大内氏的内部纷争
键	村上通康	**结**	陶军大败，大内氏没落
死	陶晴贤	**损**	陶军战死者约 5000 人

战前 摇摆不定的小领主毛利元就

毛利元就是中国地方的战国大名，以"三矢之训"闻名于世。然而曾经的他只是周防国（今山口县）守护大名大内氏旗下的一个小领主。

到 16 世纪前半段为止，盘踞在安艺国（今广岛县）的毛利氏，一直在大内氏和出云国（今岛根县）的尼子氏之间来回攀附，艰难地维持着自己的势力。元就继任当家之后，认为此时的大内氏占优势，所以成为大内氏的手下。

然而，天文十一年（1542），大内氏族长大内义隆在第一次月山富田城之战中输给了尼子氏。之后，义隆不再过问政事，像一个隐居的老头一样，沉迷于茶道与和歌。

大内氏的重臣陶晴贤认为"老板已经没戏了"，决定发动政变。他逼迫义隆自杀，又把义隆的养子义长扶植为"傀儡当家"，自己掌握了实权。

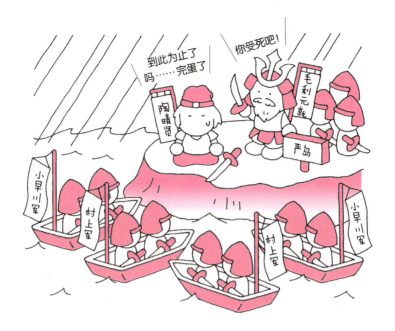

元就一开始是配合晴贤工作的，然而天文二十三年（1554），敌视晴贤的大内氏家臣吉见正赖举兵讨伐，元就又呼应了吉见，也开始行动。

战局 多重破坏工作，获得最终胜利

陶晴贤动员 2 万人的兵力，元就则至多数千人。**但以智谋见长的元就，为了胜利使出浑身解数。**

首先，他暗中拉拢晴贤的心腹江良房荣，房荣狮子大开口，希望在战后获取高昂的报酬。元就曝光了此次交涉，使得晴贤与房荣的关系恶化。

然后，元就派遣部下桂元澄跑到晴贤那里，表示自己"反了毛利，要跟着大内氏"，晴贤没有起疑心。元就在濑户内海修筑了严岛城，通过元澄向晴贤散布"这座城虽是要地，但不堪一击"的假情报，企图引诱晴贤主动出击，以在严岛对晴贤的大军来个关门打狗。

陶晴贤的部队于天文二十四年（1555）9月21日在严岛登陆，战斗正式打响。一开始元就陷入了苦战，不过他也邀请了援军，那就是以来岛为据点的村上水军。元就与村上一族的村上通康结了亲家。有了这层保障，9月28日，村上水军与毛利军合兵一处。

9月30日夜里，毛利军以暴风雨为掩护，从严岛的东岸登陆，并果断向陶军的大本营发动了奇袭。不仅战况有利于毛利军，而且还有暴风雨的助阵，疏于防备的陶军马上就陷入了恐慌。在这种状况下，密集的大军无法有效行动，局势非常不利。最后陶军企图逃到海上，却被元就的第三子小早川隆景和村上水军挡住了去路，不战自溃。晴贤也在此役中自杀。

战后 稳固脚下，消灭尼子氏

晴贤死后，大内氏名义上的当家义长权力尽失，在元就的攻打下很快就自杀了。就这样，元就接手了大内氏的领土，作为战国大名独立一方。

下一个目标是位于山阴的强大大名尼子氏，然而毛利氏还是展现了慎重的战略行动。**元就专心和中央权力之间建立交流渠道，全额包揽正亲町天皇即位仪式的费用，并且与之亲近。**元就还遣使至室町幕府，构建了良好的关系。

而且，为了避免和九州的大友氏正面对决，元就首先做好大内氏领地中的安抚工作。足足10年，站稳脚跟的毛利元就，于永禄九年（1566）消灭了尼子氏。

前期多重的情报工作，最后临门一脚的奇袭，都是毛利军胜利的原因。另外，能够等待村上水军合流的耐性也是很重要的。

超译解说 **严岛之战的教训**

股票市场中，散布假消息和一些似是而非的谣言来控制股票涨跌的行为被称作"散步谣言"，这在日本属于违法行为。而毛利元就恰恰就是"散布谣言"的高手。

在战前向敌方大将透露"你的心腹最近和我方暗通款曲"的消息，故意让部下假装投降并且暴露假弱点等，都是毛利元就擅长的策略。虽然大家往往都会关注他在风雨之夜发动奇袭一事，但这不代表奇袭本身足以力挽狂澜。因为正是有了前期诸多绵密的工作，整个作战计划才得以顺利开展。

另外，毛利元就在与村上水军合兵之前，并没有贸然发动袭击。后世大多认为"毛利都是水军"，然而毛利氏本来盘踞在内陆，在此战之前根本没有可以称得上是水军的战力。为了打倒陶晴贤，元就将第三子隆景送予拥有水军的小早川家，并且和村上水军也攀上关系。

村上水军可以说是外部战力，属于毛利氏的承包商。由于毛利氏原本是大内氏的承包商，所以十分明白活用外包工作的重要性。一言以蔽之，在严岛之战中可谓到处都是这种以少胜多的战斗策略。

国府台之战（第二次）

1564 年　室町时代

消灭了北条氏的旧势力
战国关东地区屈指可数的大决战

场	国府台（今千叶县）	**数**	不明
战	北条氏 vs 里见氏	**原**	关东南部的势力争霸
键	上杉谦信	**结**	北条氏的势力扩张至房总半岛
死	正木信茂，远山纲景	**损**	不明

战前 并非"忠犬"的里见义尧

  战国时代的前期，**关东主要有三大势力：足利氏旁系的古河公方、关东管领上杉氏、北条早云的北条氏。**

  古河（今茨城县）内部，第三代古河公方足利高基与其弟义明发生内讧，独立后的义明于永正十五年（1518）移居到下总国（今千叶县）的小弓，自称"小弓公方"。此后，下总当地的武田氏旁系真里谷氏和安房国（今千叶县）的里见氏纷纷巴结义明，想必觉得义明是"将军家的旁系，具有利用价值"。

  为了对抗上杉氏，义明与北条氏结盟。北条氏第二代族长氏纲将势力急速扩张至关东南部，继足利高基之后就任古河公方的足利晴氏也开始支持氏纲。如此，义明与晴氏两相对立已成决定之势。天文七年（1538）10 月，在下总国府台，义明、真里谷、里见的联军与氏纲、氏康的北

条军展开战斗。

　　义明在前线杀敌，里见氏当家里见义尧则为了保存战力，展现相当消极的态度，导致义明战死沙场。里见氏是江户时代的奇幻小说《南总里见八犬传》中的主要人物，然而义尧却远不如书中描绘的那样忠诚。

✖️战局 庆贺宴会的次日成为人间地狱

　　之后，真里谷氏开始衰败，北条氏与甲斐国的武田信玄、里见氏与越后国的上杉谦信分别联手，互相成对峙之势。

　　以江户为基地的太田氏起初在北条武田阵营，但因曾是扇谷上杉家的家臣，当家太田资正倒向里见上杉阵营。北条氏大呼"不可饶恕"，开始攻打资正，上杉谦信对义尧义弘父子下达"救援资正"的命令。

　　永禄七年（1564）2月，北条军与里见军再次于国府台对阵。

关于两军投入的兵力，各家文献记录并不统一，据《关八州古战录》记载，北条军为 2 万人，里见军则为8000 人，算得上是这一时期关东地区屈指可数的大决战。

开战之后，里见军一直处于优势，认为自己必胜，举办了酒宴。察觉对方轻敌的北条军将部队分为两股，趁着夜色在里见军后方设伏。**等到天边破晓，前后两军一同夹攻，给里见军毁灭性的打击。**北条氏康依靠奇袭获得了胜利。

里见军损失了包括义尧的心腹正木信茂在内的 5320人，北条军则损失了包括夺取江户城的远山纲景在内的3760 人，合计 9000 多人，真可谓生死搏杀。

战后 双方竟然交换了盟友

北条氏在两次国府台之战均获胜，势力得以延伸至上总国，对里见氏产生了极大的威胁。然而，永禄十年（1567）在三船山之战中，里见军打败了北条军。

之后武田氏撕毁了与北条氏的同盟关系，向南方扩大势力。北条氏慌乱之间向上杉氏提出同盟邀请，而里见氏则与武田氏结盟。交换盟友后，北条氏、里见氏直到天正五年（1577）才和解。

里见氏在北条氏、武田氏、上杉氏等战国顶尖大势力的环伺下，一直将大本营安房国守到了战国时代结束。

> 北条氏康观察力超群，善用敌人的疏忽这一点直接宣告了胜利。
> 而且，选择在上杉的大军出动之前行动，其决断力可谓非凡。

超译解说 **国府台之战的教训**

北条氏康在河越城获胜后，极力加强了情报信息网的建设。在各支城之间设置狼烟与号角以便传达警报，并且还设置了"飞脚""传马"等通信机构。

第二次国府台之战中，北条氏彻底研究了对手。氏康能够迅速得知里见军的行动，并当机立断"在上杉军出马之前进攻"，只给士兵配备了3天的干粮，就立刻出兵了。

在干粮不够的情况下出兵本来可谓是个馊主意，然而最近，这种"速战速决""兵贵神速"的工作方法逐渐受到了大家的瞩目。若认为战期延长不利于己方，那么在早期达到部分目的后迅速撤退，之后再做下一步打算的做法也是很重要的。

氏康顶住了开战初期的不利局面，同时慎重地进行侦察，看到里见军喝得大醉就在夜里设伏。有说法称，在情报收集方面立下大功的是风魔忍者。所以，能够有效地使用有一技之长的人，对于领袖而言是非常重要的。

不过里见军也绝不是无谋之辈，开战初期他们首先退到地势较高的敌方，之后面对追击过来的敌人，居高临下地给予打击，这表明他们还是有一定的智慧。然即便如此，途中的松懈导致之前的一切努力都付诸东流。

"鱼鳞阵""鹤翼阵"都不存在

在战乱平息、长期和平的江户时代，有一种名叫"军学"的学问，专门研究战争策略。其中一个分支负责研究关于战斗的八个阵形，即"八阵"。这项研究认为"鱼鳞阵""鹤翼阵"等阵形在战国大名们的战争中被广泛使用，它们也出现在本书后面的内容中。

然而，据传在实际战斗中并不存在"八阵"。持这一观点的是撰写了《战国的阵形》一书的乃至政彦先生。

那么，为何"八阵"并不存在呢？乃至先生认为理由有二：一是战国时代没有进行过人数众多的军事训练，所以在实战中使用"八阵"非常困难；二是地形的限制，在恶劣的地形下布阵是很难实现的。

诚然，上述的论述很有说服力。本来在战国时代的文献中也没有"八阵"的影子。然而，即便没有所谓"八阵"，阵形本身还是存在的。阵形的形态依照地形而变，不需要特别扎实的训练，就能排出纵队或者横队等。武将们使用这种简单的阵形，一边根据状况调整部队的配置，一边上阵搏杀。

Chapter 4

战国大名崛起
与信长、秀吉、家康

桶狭间之战

川中岛之战（第四次）

月山富田城之战（第二次）

姊川之战

石山之战

火烧比睿山

三方原之战

长筱之战

手取川之战

耳川之战

天正伊贺之乱（第二次）

本能寺之变

山崎之战

贱岳之战

小牧·长久手之战

小田原征伐

文禄之役

关原之战

大坂冬之阵

大坂夏之阵

桶狭间之战

1560 年　室町时代

纵使兵力相差十倍
也能迅速斩杀敌方大将

场	尾张·田乐狭间（今爱知县）	**数**	约 2000 人（织田军）vs 约 2.5 万人（今川军）
战	织田氏 vs 今川氏	**原**	今川氏入侵尾张
键	松平元康（德川家康）	**结**	织田军的胜利
死	今川义元	**损**	不明

战前 20 多岁统一尾张国的织田信长

　　如果使用"下克上"时代的"老牌大公司 vs 新兴挑战者"这种模式去理解桶狭间之战，就容易得多了。

　　今川义元文武双全，被称为"东海道第一武士"。他是支配骏河、远江、三河，也就是现在从静冈县到爱知县一带的有力大名。今川氏上可追溯到足利一门的吉良氏，属于名门，所以在京都的公卿和高僧中有很稳固的人脉。

　　然而义元有一个急速成长的竞争对手，那就是盘踞在尾张国（今爱知县）的织田信长。虽然后来信长几乎统一了天下，但此时信长这一支只是担任尾张国守护代的织田氏的旁系，以清洲城为据点。之后信长接连大败织田氏本系和守护斯波氏，在永禄二年（1559）统一了尾张国。这就像总经理下面的小职员竟然凭自己的实力夺取了公司一样。此时的信长只有 25 岁。

　　翌年 5 月，义元警惕势力逐渐扩大的信长，亲率 2.5 万人的大军进攻尾张。有人说义元此举其实是为了上洛[①]，但没有明确的证据。

战局 虽然身首异处，依然咬断了敌兵的手指

　　织田军此后攻击了位于尾张但属于义元势力的大高城和鸣海城，不过三河的松平元康给大高城送去了粮草，好歹是撑住了。

　　之后元康的军队夺取了织田军的前线基地丸根砦与鹫津砦。织田氏中有重臣提议"退守清洲城打防御战"，然而信长并没有采用。5 月 18 日夜里，信长跳了一支能乐中的敦盛舞，随后就带几个部下匆忙出征了。或许他要表达

---

① 指从地方到京都。——译者注

的是："有种就跟我来！"

恰巧天降大雨，所以今川军停止了行进，义元也因为"已经打下两个阵地了"，所以让部队休息一下。然而雨却越下越大，信长正率领 2000 人奔袭而至。人们认为信长是从侧面迂回进行攻击，但据《信长公记》记载，他是从正面直冲进去的。

义元由于在视野良好的山丘上布阵，将兵力分散在各处，所以导致大本营兵力不足。织田军的偷袭导致今川军陷入混乱。另一种说法是，义元的军队四处掠夺财物，分散在各处。而信长有可能将军队打扮成义元军的样子混在其中，然后突然发难。

虽然义元的护卫部队拼死抵抗，但义元最终被织田军的服部小平太用枪刺中，之后被毛利新介砍下头颅。**相传义元的战意和执念非同一般，在混战中竟然咬断了新介的手指**。"东海道第一武士"落得如此结局，实在令人慨叹。

战后 织田·松平同盟成立

顺便说一句，有说法称此役中通报了义元军大本营所在地的筑田出羽守夺得了首功。当然，关于织田军有没有进行谍报活动一事，没有任何证据支持。

义元之死导致东海地区的势力图急剧变化。今川氏迅速衰退，而今川氏旗下的三河武将松平元康独立，并与织田氏结盟。这个元康，就是后来的德川家康。

如此，织田氏在一段时间内不用再担心东面的进攻。此后信长开始专心准备攻打美浓（今岐阜县）的斋藤氏，这可是桶狭间之战前就已制订的计划。

决定胜负的关键

> 不打防守战，只盯准大将的脑袋，这是战略上的成功。
> 而信长能够诱敌到最后一刻，这份胆识也堪称出色。

超译解说 桶狭间之战的教训

桶狭间之战与河越城之战、严岛之战并称为"日本战国三大偷袭战"。三者有着共同的特点，敌方都是人数众多的大军，战场则都是我方主场，且地形狭窄不利于大军调动。而且，都是趁着清晨或者大雨过后，这种容易疏忽的时刻发动奇袭。

恐怕信长自一开始就认识到，兵力相差十倍，无法正面抵抗义元，所以采取趁敌方空虚之际直取上将的计划。一般而言此时肯定会选择据守，但信长应该是意识到无法经受消耗战，故一鼓作气出击。

虽然织田军的前线阵地接连沦陷，但信长并不重视军事会议，也不采纳据守的建议，甚至还悠然地跳起了舞。他的内心所想我们不得而知，但有人说他是故意将今川军引诱至最后一刻。战地的扩大使得敌方不得不分散兵力，而信长等的就是敌方大本营兵力空虚的这一刻。

正如中国古代的兵法家孙子所说的"兵者，诡道也"，能够看清对手的内部情况，根据战况的变化自如应对，这是战争胜利的根本。

可以说信长正确地判断了局势，并且抓住大雨这个突发状况，使自己走向胜利。

川中岛之战（第四次）

"啄木鸟战术" vs "车悬阵"
战国顶尖名将之间的决战

场	信浓更级郡（今长野县）	**数**	约2万人（武田军）vs 约1.8万人（上杉军）
战	武田氏 vs 上杉氏（长尾氏）	**原**	武田氏入侵北信浓
键	村上义清	**结**	平局
死	武田信繁，山本勘助	**损**	约7000人

战前 两雄并立12年

　　犀川与千曲川的交汇点，北国大道上的据点，就是川中岛。战国时代，虽然也有在同一个地方发生数次战争的例子，但川中岛之战在12年间竟然反反复复发生了5次。

　　此战的主角之一是甲斐国（今山梨县）的武田信玄，他在20岁的时候从父亲那里夺来了族长之位，逐步将领地扩大到了北方的信浓国一带。

　　挡在他面前的是另一位主角，是越后国（今新潟县）的长尾景虎。由于他取主君越后上杉氏而代之，所以成为越后国的国主。

　　天文二十二年（1553），两军第一次在川中岛开战。起因是武田氏攻打北信浓的村上义清，义清逃向景虎求援。最终长尾军击退了武田军。然而弘治元年（1555）、弘治三年（1557），信玄两次北进，在川中岛与景虎打了几次

小仗，但都没有真正决出胜负。

随后，**关东管领上杉宪政被北条氏赶到了越后，并将上杉氏族长的位子让给了景虎。**景虎遂改名为政虎，并于几年后使用"上杉谦信"这个名字。

⚔战局 两军大将直接对阵

信玄并未放弃进攻北信浓，于如今的长野县长野市松代町建造了海津城用作前线基地。谦信为了阻止武田军而再次出战。永禄四年（1561）9月，川中岛迎来了第四次战争，也是最大的一次战争。

上杉军在能够俯瞰到海津城的妻女山布阵，而武田军则在西方的茶臼山（即盐崎城）布阵。两军最终在9月9日凌晨正式开战。

据江户时代的兵书《甲阳军鉴》记载，武田军像啄木鸟从树中啄出虫子一般，突击上杉军的背后，等到上杉军被推向前方时，再用正面部队进行夹攻。

然而，谦信看穿了武田军的动向。在被突击之前上杉军走下妻女山，向北移动，并**采用"车悬阵"结为一体，向武田军发动进攻**。通常而言，车悬阵是把全军排成一个像车轮一样的圆形，一边转动一边进攻，但有人表示实际上应该是让前军撤到一旁，再让后军出击。

此役，提出夹击战术的山本勘助以及信玄的弟弟信繁等人战死。

相传在乱军中谦信突袭了武田军的大本营，并且挥刀直取信玄，然而被信玄用指挥扇挡住了。不过，这应该是后世的杜撰。

战后 "无胜者之战" 结束后，最大的敌人浮出水面

最终，第四次川中岛之战胜负未决，10月，两军纷纷撤退。虽然上杉军在战争后半期取得了优势，但此役之后，武田军取得了紧靠越后的善光寺一带的支配权。

永禄七年（1564），武田军与上杉军在川中岛发生了第五次冲突，但没有发生大规模战斗。待上杉军的防卫基地饭山城竣工后，谦信就直接撤退了。

总体来看，五次川中岛战役中虽然上杉军沉重打击了武田军，但**武田军也实现了扩张领地的战略目标**。

然而，对于信玄来讲，比起谦信，在西方壮大势力的织田信长才是最大的威胁。

谦信善于观察，取得了战术胜利。然而信玄扩大了领地，取得了战略胜利。

超译解说 川中岛之战（第四次）的教训

鉴于《甲阳军鉴》在内容上偏向武田一方，所以其关于川中岛之战的记录并不是很可信。但如果在武田军决定发动"啄木鸟战术"的前夜，上杉谦信看到武田军大本营升起了炊烟，即刻判断出对方要发动进攻是事实的话，那么谦信的观察力可谓上乘。

即便如此，武田军实现了扩大领地的战略目标。两军的目标从一开始就是不同的。上杉军为的是阻止信玄的进攻（当然也希望在战斗中杀死信玄），最终却成了两败俱伤。

在现今的产品战略中，虽然先期投资可能会造成亏损，但如果产品的知名度提升并因此获利的话，可谓是战略上的胜利。

川中岛之战打了五次都没有分出胜负，原因之一是两军都有其他敌人。武田氏需要应付今川氏以及织田氏，而上杉氏则疲于解决北条氏以及领地内外的一向一揆。

虽然信玄和谦信两人互为最强劲敌，但在川中岛都没有投入全部的兵力。事实上，本就有限的资源得不到集中使用，两方要维持现状就已经很不容易了。

月山富田城之战（第二次）

1565—1566 年　室町时代

决定中国地方的霸权地位
比拼耐力的持久战

场	月山（今岛根县）	**数**	约 3 万人（毛利军）vs 约 1 万人（尼子军）
战	毛利氏 vs 尼子氏	**原**	毛利氏进攻出云
键	山中幸盛（鹿介）	**结**	毛利军胜利
死	品川大膳	**损**	不明

战前 围绕中国地方最大银矿的拉锯战

　　虽然大家都觉得现在的山阴地方有些土气，但岛根县大田市市内有一座石见银山，**在战国时代这里是一处要地。**

　　盘踞在山阴的两大势力是周防国（今山口县）的大内氏和出云国（今岛根县）的尼子氏。围绕石见银山的所有权，两者经常发生冲突。

　　天文九年（1540），尼子氏的当家晴久刚刚打退大内氏，便发兵攻打安艺国（今广岛县）的毛利氏。最终失败，导致很多人从尼子氏叛逃。盯准时机的大内义隆联合毛利元就，于天文十一年（1542）攻打尼子氏的大本营月山富田城。

　　月山富田城易守难攻。尼子氏虽然陷入苦战，但之前叛逃的武将纷纷返回，最终大内军撤退了。此后义隆无心参与政治和军事，家臣陶晴贤发动政变，占据大内氏的中

枢地位。

　　在天文二十四年（1555）严岛之战中，元就打败晴贤，中国地方就形成了毛利与尼子两强争霸的局面。

战局 经过1年半的作战，终于攻陷

　　永禄五年（1562），元就单方面撕毁和约，夺取了石见银山。之后决定再度攻打20年前让自己铩羽而归的月山富田城。

　　晴久死后，义久继承当家之位，与九州北部的大友宗麟合作，宗麟进攻了位于丰前国（今福冈县）的毛利领地松山城。后院起火的元就派嫡子隆元到九州处理相关事宜。第二年，毛利氏与宗麟缔结和睦关系，但隆元在归乡途中突然病死。

　　遭受丧子之痛的元就虽然大受打击，但依然决定进攻

出云。他将月山富田城周围的支城一个接一个地攻陷，占领了尼子军的补给道路。永禄八年（1565）4月，元就来到月山下。

4月17日，毛利军发动了总攻击，尼子氏的猛将山中幸盛（鹿介）率军顽强抵抗。元就认为一味拼实力会损失重大，所以命令全军撤退。两军在9月再次展开了战斗，据传毛利军的品川大膳在单挑中被幸盛斩落马下。

元就转换了作战方针，改打持久战，**包围月山一年多**。据守的尼子军粮草匮乏，时常有人叛逃，城内也是破乱不堪。义久动弹不得，又惧于毛利元就的策略。在此之下还要维持军队士气，团结家臣，着实煞费苦心。永禄九年（1566），义久放弃抵抗，向毛利军投降。

战后 忠臣山中幸盛的反抗

月山富田城沦陷，尼子氏覆灭。毛利氏几乎掌握了山阴全境，**夺取了石见银山，大大增强了实力**。

数年以后，山中幸盛决意复兴尼子氏，拥立已出家的尼子胜久为新主公，起兵反抗。

幸盛拉拢了分散在中国地方各处的反毛利氏势力，夺回了出云大部分领土。还打算夺回月山富田城，但最终失败。幸盛在羽柴秀吉进攻毛利氏时给予了很大的帮助，但在天正六年（1578）败于毛利军并被处决。义久此后成为毛利氏家臣，活到江户时代。

攻打月山富田城时并没有什么出奇制胜的策略，这种平稳作战是为了将损失控制在最小限度内。不过，让敌方疲于奔命也算是战术之一。

超译解说 月山富田城之战（第二次）的教训

毛利元就在第二次攻打月山富田城时没有使用奇策，但这才是此役的重点。

元就曾在严岛之战中运用智慧，以情报战和暴风雨奇袭等方法，取得了压倒性胜利。一旦过去取得了巨大成功，人们往往就会倾向于沿袭过去的老方法。

然而，月山富田城之战的情况和过去完全不一样，毕竟毛利军已经成了中国地方的一个大势力。

于是毛利军一点一点地攻陷敌人的支城和补给道路。当时在作战会议上有人提议"即便要付出更大代价，我们也应该打得再强硬一点"，不过元就没有采纳。他悠然地摆出长期作战的态势，一步一步将尼子军逼入绝境。

胜利后，知道能力平庸的义久根本没有东山再起的气概之后，元就便对义久宽大处理，这就是强者的气度。当然，这也是为了能让战后的各项清算更加顺利。

尼子氏显然是因为警戒过度而导致疲敝，毕竟他们整日陷在"元就又要用怪招了"的思维定式中。利用对手对自己的固有印象，反其道而行之，做出一些"普通的事情"，可以说也是一个出色的策略。

姊川之战

1570 年　室町时代

把背叛自己的妹夫与他的同伙一网打尽

场	近江姊川（今滋贺县）	**数**	约 2.5 万人（织田·德川）vs 约 1.3 万人（浅井·朝仓）
战	织田氏，德川氏 vs 浅井氏，朝仓氏	**原**	织田氏入侵越前
键	阿市	**结**	浅井·朝仓联军撤退
死	浅井政之，真柄直隆	**损**	不明

战前 **比起大舅哥，浅井长政更注重同盟关系**

战国时代，有时一个公主可抵数千雄兵。众多的大名将女儿或者姐妹嫁予有实力的大名，用以缔结同盟关系。

盘踞在岐阜城的织田信长，有一个被誉为"战国第一美女"的妹妹阿市（小谷夫人），她嫁给了近江国的浅井长政。

近江国是去京都的必经之路，信长认为妹妹嫁人之后"就可以在畿内畅通无阻"。于是信长上洛，拥立足利义昭为将军，命令各地大名朝觐。然而越前国（今福井县）的大名朝仓义景无视了他的命令。元龟元年（1570）4 月，信长联合德川出兵讨伐朝仓氏。

织田军行进速度很快，仅用三日便攻陷两城。**但途中浅井长政竟串通了朝仓军，突然对织田军搞起了背后袭击。**本来浅井氏和朝仓氏处于同盟关系，且信长将阿市嫁予长政之时约定"今后不打朝仓"。但即便如此，信长当时仍

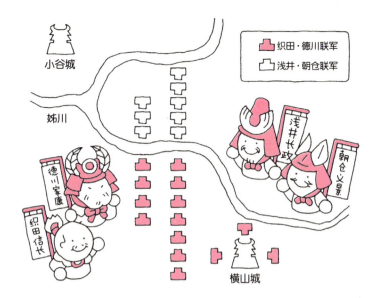

不认为他的妹夫已经背叛他了。

此时的信长处境危急，慌忙从金崎撤退。用两天时间走出了多山多险的近江，好不容易跑回了京都，结结实实地吃了败仗。

⚔️ 战局 浅井军一度逼近信长的大本营

发誓报仇的信长重整势力，6月开始进攻浅井长政的据点小谷城。由于小谷城固若金汤，信长见不可力敌，选择先攻打小谷城的支城横山城，将浅井军诱出，然后在野外击溃。

织田军之后与从三河国（今爱知县）率军5000人而至的德川家康会合，朝仓义景也向浅井长政送去了约1万的援兵。织田·德川联军在流入琵琶湖的姊川南部布阵，而浅井·朝仓联军在姊川北方布阵，由此两相对峙。

由于织田军在人数上占优势，他们布下了层层相叠的13重阵法，浅井军的先锋矶野员昌突破了11重，一时逼近了信长的大本营。但德川军的榊原康政受家康之命从侧面突击，重重打击了朝仓军，形势得以逆转。不过，这些都是江户时代的军记记载，有可能是为了夸耀德川军的军功，所以真相尚且不明。

即便如此，**最终织田·德川联军占据了优势，浅井长政的弟弟政之，以及挥舞着全长两米的大刀、英勇奋战的朝仓军猛将真柄直隆双双战死**，横山城向织田军投降，而浅井·朝仓联军也撤退了。但是，此役后信长也无余力继续进攻小谷城，选择了暂时撤退。

战后 在战国乱世中活下去的阿市和她的女儿们

姊川之战前，将军足利义昭与信长处于对立之中。义昭加入了浅井·朝仓一方，同摄津国（今大阪府）的三好氏、天台宗的比睿山延历寺、一向宗的石山本愿寺等一道组成了"信长包围网"。这是信长一生除本能寺之变（参照 212 页）以外最大的危机。

信长采取分别修好、各个击破的策略，将敌人一个接一个地铲除。天正元年（1573）7 月，他把义昭逐出京都。之后进攻越前，在一乘谷城之战中灭掉了朝仓氏，同时也攻陷了长政踞守的小谷城。长政把爱妻阿市与 3 个女儿交给织田军之后自杀。

回到娘家的阿市在本能寺之变后，与信长的心腹柴田胜家再婚。她和长政生下的 3 个女儿茶茶、阿初、阿江则分别嫁给了丰臣秀吉、京极高次、德川秀忠，故浅井氏的血脉得以流传后世。

决定胜负的关键

> 直到妹夫背叛之时，织田信长看人识人的眼光还是有些简单。但从此以后，他的行动就要理性得多了。

超译解说 **姊川之战的教训**

妹夫浅井长政的背叛让织田信长很是头疼，但身为一名武将，这也加速了其成长。

信长虽怒不可遏，但理智尚存。他没有强行攻城，而是选择了胜算相对较高的野战。因为即便人数占优势，但如果强行攻城，损失也会很大。

信长确实有错，但那也是在战斗之前，他没有对织田氏和浅井氏的同盟关系产生过一丝丝怀疑。

信长在将阿市嫁予长政之时，表示自己"不会插手浅井和朝仓的关系"。然而，信长没有料到，一旦有事，浅井氏依然有可能会倒向朝仓氏一方。

商业世界中也是一样，即便认为"我和××客户已经合作很久了，所以没问题的"，然而对方很可能会优先考虑更好的合作伙伴。

在职场人际关系中，切勿想当然地认为"他一定会支持我"，签订合同时也一定要冷静地检查各处表述。不过，长政和阿市夫妻之间的关系好像还是很好的。

石山之战

1570—1580 年　室町时代

持续了 10 年的宗教战争
战火蔓延至日本各地

场	石山本愿寺（今大阪府）	**数**	约 1.5 万人（织田军）vs 约 1 万人（一向宗）
战	织田氏 vs 一向宗	**原**	一向宗信徒参加织田包围网
键	正亲町天皇	**结**	本愿寺投降
死	织田信兴，塙直政	**损**	投降后本愿寺被焚毁

战前 2 万名信徒惨死！

　　直到最后一刻仍顽强抵抗织田信长的，不是哪个大名，而是一向宗（净土真宗）。它的领地遍布各处，成员从农民到武家再到公卿，在全国范围内构建了大网络。

　　如果说武田信玄、上杉谦信等战国大名是鲨鱼的话，那么一向宗就是食人鱼群。他们活动的范围包括大本营石山本愿寺，还有距离信长的尾张国不远的伊势长岛（今三重县）等地。

　　元龟元年（1570），本愿寺的法主显如和将军足利义昭、近江国（今滋贺县）的浅井氏、越前国（今福井县）的朝仓氏联手与信长对阵。因此 9 月，本愿寺众门徒向信长的本阵发起了攻击，石山之战由此开始。

　　此时织田氏在伊势长岛的小木江城沦陷，城主信兴（信长之弟）自杀。信长誓要报仇，三度攻打伊势长岛。天

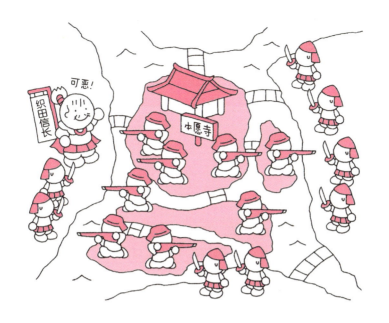

正二年（1574），他投入了8万兵力，将约2万人的一向宗信徒，不分男女老少尽数屠灭。

⚔ 战局 同支援一向宗的毛利氏爆发了海战

伊势长岛沦陷后，一向宗在纪伊国（今和歌山县）的杂贺以及越前国等地继续抵抗。

灭掉浅井和朝仓两氏的信长，面对各地残余的包围网势力并不一味强硬，而是用了一些怀柔策略，比如宣扬战斗不是真正的佛教徒所为，大加礼遇信徒中的武将等，他用尽各种办法分化瓦解各地的一向宗势力。

平定越前一向一揆之后，天正四年（1576），信长向石山本愿寺发动总攻击，但在下间赖廉和从纪州率领杂贺火枪队支援的铃木重秀的抵抗下，织田军陷入了苦战，前线指挥官塙直政也战死了。

本愿寺与毛利氏也有合作，所以本愿寺的粮草从濑户内海补给。为了扰乱运输行动，织田军在大阪湾发动了木津川口之战，然而织田氏的水军不敌毛利氏的水军，作战最终失败。

信长已经做好长期作战的准备，将石山周围的一向宗据点一个接一个地拔除。天正五年（1577），平定了纪伊的一向一揆。翌年在第二次木津川口之战中，**仅凭 6 艘铁甲舰便击破了拥有 600 艘船的毛利水军。**

之后，石山保卫战持续时间过长，加之荒木村重的谋反，维持战线已不再是易事。信长不得已只能寻求朝廷的帮助。正亲町天皇在天正八年（1580）4 月下达敕令，命令两家修好。显如答应了敕令，以保全教团人员为条件，拱手将本愿寺送出并离开了大坂城。

战后 加贺一向一揆很快画上了句号

显如接受了修好条件并离开本愿寺，但他的儿子教如在本愿寺坚守了数月。天正八年（1580）8 月，教如也答应了和睦条件。就在一向宗从本愿寺全面撤退时，熊熊大火烧毁了本愿寺。

石山之战结束后，**持续了约 100 年的加贺国（今石川县）一向一揆被平定了。**

后来，一向宗与羽柴秀吉缔结了合作关系，并修复了本愿寺。主和派的显如和彻底抗争派的教如形成对立，本愿寺分裂为西本愿寺和东本愿寺。

决定胜负的关键

> 虽然强攻没有奏效，但最后利用朝廷取得了优势。孰轻孰重，信长看得很清楚。

超译解说 石山之战的教训

石山之战不是两个大名之间的战斗。用现在的话来说，就是一国的正规军同游击队及反政府武装之间的"非对称战争"。可以说这 10 年间，信长一直都在"打地鼠"。

虽然一向宗有显如这样的领袖，但是只打倒领袖显然无法解决问题。

伊势长岛、杂贺、越前等地的一向宗信徒并非受到了显如的感召，而是自发团结在一起抵抗信长。所以即便显如与信长修好以后，也还会有人继续抵抗。一向宗集团十分顽强，这令信长大吃苦头。

该如何同这样的敌人战斗呢？最终只能依靠拖延时间这种笨办法。当然也需要仔细思考当下主要的敌人是谁，谁可以充当关键人物等问题。

虽然信长看上去冷酷无情，但他并没有在和谈中有丝毫怠慢。在这之中最重要的就是中间人了。这个中间人必须有一定的权威，否则没有人会听他的。

虽然信长在石山之战中把将军足利义昭赶出了京都，但依然懂得做朝廷的工作，不至于把朝廷推向自己的对立面。因此和谈以正亲町天皇敕令的形式开展，并最终获得成功。这多亏了信长长远的战略眼光。

火烧比睿山

在京都都能看到山火
令神佛胆寒的大屠杀

场	大津（今滋贺县）	**数**	约3万人（织田军）vs 数千人（延历寺）
战	织田信长 vs 延历寺	**原**	天台宗参加信长包围网
键	足利义昭	**结**	织田军胜利
死	不明	**损**	延历寺尽数被毁

★战前 逃入寺中的浅井·朝仓联军

　　日本中世的寺庙，与其说是宗教设施，不如说是和大名一样拥有统治体制的领主。当然，他们也有军力守护领地。

　　特别是近江国（今滋贺县）的比睿山延历寺。从平安时代开始，延历寺常常成为和朝廷或幕府分庭抗礼的一大势力。

　　16世纪60年代后半段，随着织田信长势力的扩大，将军足利义昭担忧自己的权势会受到威胁。所以他联合浅井长政及朝仓义景一道构筑了信长包围网，延历寺也加入其中。

　　在姊川之战（参照180页）中失败的一部分浅井·朝仓联军逃入延历寺藏了起来。信长要求寺方交人，但被延历寺断然拒绝。

　　其实在此战以前，信长为了镇压一向宗，曾向延历寺

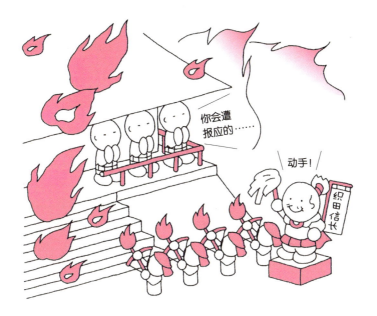

请求过帮助，最后却吃了闭门羹。**因为天台宗虽然和新兴的一向宗不和，但信长是二者共同的敌人，所以延历寺不仅没有镇压一向宗，还加入了浅井·朝仓联军。**

看到延历寺如此不顺从，信长大为光火。元龟二年（1571）9月，信长终于下决心攻打比睿山。

⚔ 战局 不只僧人，周边的普通人也被残忍杀害

织田信长在近江与浅井·朝仓联军打得不可开交，先后攻陷了浅井军盘踞的志村城和小川城，随后发兵约3万人渡过琵琶湖，直取延历寺。

织田军首先在近江最大的都市，同时也有众多比睿山僧人聚居于此的坂本町杀人放火。僧人和庶民们跑到日吉大社躲避，然而织田军把大社都烧掉了。

随后织田军朝着比睿山山顶进军。延历寺境内的根本中堂、大讲堂等都被烧毁，火焰在京都都能看得到，浓烟

翻滚了 4 天才消失。比睿山的东面是山岳信仰的圣地八王子山，因为里面也有天台宗的寺院，所以织田军也烧了八王子山。

在这起纵火事件中，拥有极高历史价值的寺院建筑、佛像、经典等都变成了灰烬。

织田军中有人曾表示"高僧们的命还是要保的"，但信长不听，命令手下将僧人全数歼灭。不用说负责守护寺院的僧兵，就连没有武装的学问僧以及寺里的小童都被屠戮殆尽。据传超过 3000 人因此而丧命。

战后 寺院领地被信长的家臣们瓜分了

针对火烧比睿山一事，信长说得很是冠冕堂皇。"延历寺那帮人淫乱、吃肉，还向公卿和武家行贿，实在有辱僧人名节，所以我制裁了他们。"然而大家都知道，他就**是在打击报复延历寺藏匿浅井·朝仓联军一事。**

延历寺是日本佛教的中心之一，众多的僧人都来此学习。此事后的延历寺人物两空，土地荒废，权威尽失。

另外，近处的延历寺领地被信长分给了手下的重臣明智光秀和柴田胜家。虽然传说光秀反对信长烧庙杀僧，但实际上他在前线负责指挥。正因如此，光秀通过此事深深地感受到信长的可怕。

信长死后，丰臣秀吉在天正十二年（1584）下令重建延历寺。江户幕府建立后，延历寺受到德川家的保护并重新拥有领地。但它再也不会像中世那样，动不动就对幕府刀剑相向了。

对于不走寻常路线的织田信长，延历寺显然是小觑了他。但另一方面，信长烧庙杀僧一事也遭到了周围人巨大的反感。

超译解说 **火烧比睿山的教训**

火烧比睿山与其说是一场战斗，倒不如说是单方面的屠杀。就连大体对信长持正面态度的《信长公记》，也明确提到了信长在火烧比睿山事件中，大肆屠杀非武装僧人和近处的民众。

在战国时代，各地的大名以战斗为职业，而比睿山延历寺在战斗上完全业余。比起直接参战，他们更喜欢在明面上持中立态度，担任大名之间的中间人，并且作为避难场所，对逃到山上的势力给予无差别的保护。这是寺庙存在的意义。

即便延历寺境内有很多非武装人员，但他们没想到信长真的会发动进攻。对于那些信徒而言，真是如同噩梦一般。

实际上，一般的战国武将不会对寺庙下手。然而不论是好是坏，总之信长是不惧神佛之人。他讨厌古老的权威，有着改革者的气质。

延历寺在此战中的行动，就好比一间不以营利为目的的 NPO① 与某家公司过度勾兑，触怒了业界大鳄。避免与专业人士同台竞技，这值得业余者引以为戒。

————————————

① 非营利组织。——译者注

三方原之战

1572 年　室町时代

勇敢挑战武田骑兵
德川家康最终失败

场	远江三方原（今静冈县）	数	约 2.7 万人（武田军）vs 约 1.1 万人（德川军）
战	武田氏 vs 德川氏	原	武田军入侵远江
键	织田信长	结	武田军大胜
死	平手汛秀	损	不明

战前 武田信玄发兵攻打织田氏

桶狭间之战后，今川氏开始衰退，其东部领地被武田氏和德川氏瓜分，而远江国（今静冈县）则整个落入德川氏手中。元龟三年（1572），信玄出动大军进攻远江。虽然有人说信玄的行动意在上洛，也有人表示信玄希望占据远江和三河之后，再与信长展开决战。但真相至今不明。

织田信长听闻武田军的行动非常愤怒。**毕竟信长前不久刚刚促成了信玄与上杉谦信的和谈，还以为卖给了双方一个人情。**所以信长在应对上稍稍迟缓了一些，但最终决定向陷入绝境的家康送出援兵。

武田军首先攻打了正对天龙川的二俣城。但出乎信玄意料的是，战斗耗时过长。2 个月后信玄的儿子胜赖才攻下了城池。武田军马不停蹄地继续南下，向着德川家康的主城滨松城进军。

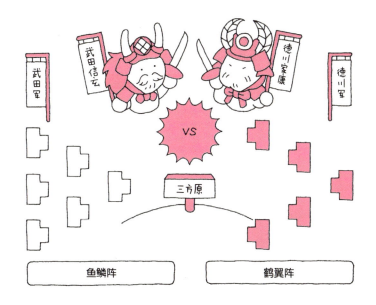

鱼鳞阵　　　　　鹤翼阵

⚔战局 败逃的德川家康犹如丧家之犬

气势正盛的信玄并未选择包围滨松城，而是越过滨松城，在城西的三方原摆好阵势。学界一般认为信玄意在诱敌出城。而根据《甲阳军鉴》记载，信玄布阵三方原是因为他知道信长的援兵马上就来，这么做是为了避免与信长战斗。

看到信玄无视自己的行为，家康大为光火，决定追击。但又因兵力不足以及信玄的勇猛而举棋不定。

通过侦察，德川军发现士气正盛的武田军摆了一个多重阵形，看上去像枪头一样，是个三角形，这便是"鱼鳞阵"。德川军对此阵并没有什么明确的应对策略，好不容易上阵但队形怎么也摆不齐（也有人说摆出了鹤翼阵，但无实证）。两军在12月22日的下午4点正式开战，武田军的小山田信茂部与德川军的石川数正部在战场中央首先对决。

数量上占优势的武田军不断对德川军发动突袭，家康虽然骑马在最前线指挥，但训练度和兵力差等问题导致指挥无效，战役仅用了2小时就呈现出一面倒的局势。

而奉信长之命前来增援的平手汎秀在撤退时无法甩掉对方，被武田军斩于马下。

成为败军之将的家康十分惧怕武田军的勇猛。据说在逃回滨松城的途中，他竟在马上大便失禁。而且为了顺利逃脱，还有武将担当了家康的替死鬼。家康可谓是吃了一场惨痛的败仗。

战后 奇计频出，滨松城好歹是守住了

胜利的武田军迫近滨松城。家康则故意打开城门，燃放篝火，摆出一副"尽管过来"的架势。负责追击的山县昌景感觉其中有诈，于是撤退。这便是"空城计"。

那一天夜里，德川军对镇守在犀崖上的武田军发动夜袭并重创之。信玄不想拉长战期，决定撤退。而且由于家康已与上杉谦信结盟，所以信玄也担心自己后院起火。

翌年，信玄进攻了三河的野田城，但在战斗中突然病倒，并在回甲斐的路上去世。弥留之际的信玄，命令即将继位的胜赖"隐瞒自己的死讯三年"。

另外，**被武田军吓到失禁的家康，为了勉励自己，让人把惨败的样子绘成了画。**从这个故事中，我们确实能感受到德川家康的大格局。

> 由于信玄的无视，家康的自尊心得以爆发。对于男人而言，有时明知失败，也要硬着头皮上。

超译解说 **三方原之战的教训**

军事学古来有一条"攻方3倍法则"（三对一法则）。守方即便做不到全歼敌军，只要能做出反击就算胜利。而攻方为了全歼敌军则有必要分兵占领敌地，所以在兵力上攻方需要达到守方的3倍。

从这一点而言，家康主动出击绝非良策，想必是自尊心爆发的缘故。不过面对强敌信玄，家康那种不退缩的态度能够进一步加强家臣们的团结，同时加深了盟友信长的信赖。

然后，逃回滨松城的家康使用空城计，让武田军放弃追击。虽然在战场上失禁，但是家康并没有失掉理智。如狸猫般狡黠多智的行事风格，可谓从青年时期就已确定下来。

而在三方原之战中胜出的武田军，虽然野战获胜但没有乘胜追击。有人会说他们胆子太小，但他们原本的目的就不在于此（而在上洛），所以不追击是理性冷静的判断。

武田信玄认为比起继续战斗，更应该节省兵力。三方原之战已经大大打击了家康，并且让其发自内心地恐惧，所以没有必要彻底攻陷城池。为了避免战争长期化而放弃滨松城，是合理的选择。

长筱之战

一场新式会战
展现织田信长的长远眼光

场	设乐原（今爱知县）	**数**	约 3 万人（织田·德川军）vs 约 1.5 万人（武田军）
战	织田氏、德川氏 vs 武田氏	**原**	奥平贞能、奥平定昌父子的反叛
键	奥平定昌	**结**	织田·德川军大胜
死	山县昌景、马场信春	**损**	不明

⭐ 战前 从敌方夺回城池后反而陷入危机

武田信玄于元龟四年（1573）去世后，其子胜赖遵照其遗言，隐瞒了父亲的死讯。

但 3 个月前在三方原吃了败仗的德川家康在侦察武田领地时，从敌方混乱的行动中明确了"武田信玄已死"的事实。于是立刻夺回了被武田军占领的长筱城。

家康对武田军的奥平贞能、奥平定昌父子保证，"如果加入我方，能保你领地无忧，我还把女儿嫁到你家"。于是奥平父子背叛了武田氏，负责守卫长筱城。但实际上，贞能曾经是从德川氏背叛到武田氏的，所以他只是回归了而已。

然而，喜悦是短暂的。南下的武田军占领了德川氏的高天神城，并包围了长筱城。

陷入危机的家康向织田信长求援，而织田信长打算借

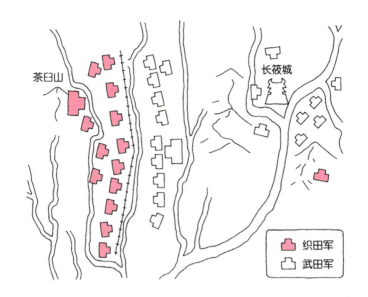

此机会与武田氏一决雌雄，所以派遣了一支 2 万人的大军。

战局 等待最强骑兵的 3000 柄火枪

　　织田军与家康会合后，于天正三年（1575）5 月，在长筱城以西的设乐原布阵。信长建造了全长 2 千米的拒马和土包用来加固防御。他并不打算主动出击，而是要把武田军的"最强骑兵"引诱出来。据《甲阳军鉴》记载，在兵力占优势的织田·德川联军面前，从信玄时代就侍奉武田家的马场信春和山县昌景等重臣建议撤退，但被年轻气盛的武田胜赖拒绝。

　　5 月 20 日夜，德川军的酒井忠次从信长那里领受了一支火枪队，迂回至武田军背后，发动奇袭。忠次夺取了长筱城的支城鸢朝山砦，用以恐吓包围长筱城的武田军。

　　背后吃了一记的武田军只能被迫向前进军，命令骑兵突击。**然而迎接他们的，是一支 3000 人（也有说 1000**

武田军的骑兵与步兵在冲向拒马时被接连射杀，随后的每一次突击都带来了大量伤亡。在大约 4 个小时的战斗中武田骑兵已经崩溃，血气方刚的胜赖也不得不下达撤退命令。织田·德川联军不依不饶地在背后追击，马场信春和山县昌景最终战死沙场。

当时火枪装填弹药需要时间，所以无法连射。相传信长把火枪队排成 3 排，使用了射手一边轮换一边不停射击的"三段击"战术。但这个战术不见于《信长公记》，应该是江户时期的人们杜撰的。

另外，《长筱之战图屏风》中描绘了火枪手站在拒马前射击的景象。换言之，当时的火枪手也有可能是从拒马外侧进行射击的。

战后 在迷惘中走向败亡的武田氏

织田军乘胜追击，攻陷了美浓国（今岐阜县）南部的岩村城，驱逐了美浓的武田势力。

武田胜赖与关东的北条氏政（氏康之子）联手抵抗信长。但之后胜赖介入了越后国（今新潟县）上杉谦信死后的继承者之争，与支持谦信养子景虎的北条氏政又起了冲突。

此时与本愿寺达成停战协议的信长，于天正十年（1582）2 月终于进军甲斐国（今山梨县）。失败的胜赖在大本营新府城放了一把火，企图逃跑，但由于己方出现人员倒戈，无法摆脱追兵，最终与妻子一起自杀。

决定胜负的关键

> 织田信长之所以得胜，是因为其能够有效率地使用火枪，并且创造条件让敌军自投罗网。

`超译解说` **长筱之战的教训**

长筱之战是一场象征着织田信长拥有先进武备的战役，但获胜的原因并不仅仅是使用了火枪这种新式武器。

战国时代的火枪，是用来防卫远处敌人，使之不敢近身的防御性武器。信长熟知火枪特性，修筑了坚固的拒马与土包。另外还让酒井忠次从背后突袭，使得武田军不得已只能前进。

其实在那一时期，很多武将都有火枪，但大多数大名只是配备了少量的火枪部队。信长是第一个拥有火枪3000柄之多，并且能够有组织使用的人。武田胜赖也不知道信长竟然有这么多火枪，所以才沿用一直以来的骑兵突击战术。

历史上发生过很多次技术革新，但重要的不是"用什么"，而是"怎么用"。信长不仅组建了一支人数众多的火枪部队，且为了发挥其最大效能，更是配备了坚固的防御工事，还能够有组织地驱使，可谓开创了新的战争模式。

手取川之战

与织田信长唯一的一次对决
军神上杉谦信死前最后的光辉

场	加贺国（今石川县）	**数**	约 2 万人（上杉军）vs 约 1.8 万人（织田军）
战	上杉谦信 vs 织田信长	**原**	畠山氏的内部纷争
键	长纲连	**结**	上杉军大胜
死	长续连，长纲连	**损**	不明

战前 胜家与秀吉两雄龃龉

在一些全明星出演的影片中，偶尔会因突出群像反而破坏了电影结构，最终票房惨淡。

手取川之战就是如此。柴田胜家、丹羽长秀、泷川一益、羽柴秀吉、前田利家等织田家的强将悉数参加了此役，却最终战败。**最大的败因便是这些武将的个性过强，无法形成有效的合作。**毕竟敌人是军神上杉谦信，团结一致是非常必要的。

信长与谦信之间曾有一个共同的敌人武田信玄。然而，信玄死后，担任关东管领这一幕府要职的谦信重视义理，听从了将军足利义昭的命令，加入信长包围网。

在谦信介入能登国（今石川县）守护大名畠山氏的内部纷争时，畠山氏重臣长续连、长纲连父子向信长寻求帮助。

当时信长派遣了柴田胜家负责收拾加贺国的一向一揆，

如果谦信与一向宗合作的话，事情就严重了。于是天正五年（1577）8月，信长让羽柴秀吉、丹羽长秀、泷川一益等人率领 4 万援军支援胜家。

然而，在织田军全明星的阵容中，胜家和秀吉却起了冲突，秀吉直接离开前线。两人冲突的理由众说纷纭，其中之一是当时胜家把秀吉的部队转做后军，使得秀吉很不高兴，可见那时两人的关系非常不睦。

⚔ 战局 谦信留信一封，上写"信长暗弱"

就在织田军逼近畠山氏之时，畠山氏内部与续连、纲连对立的游佐续光、温井景隆等人掀起了政变。9 月 15 日，谦信占领了南部的七尾城，之后他又攻陷了末森城以及加贺的松任城。

由于能登和加贺的农民都隶属于谦信，所以织田军对沦陷一事浑然不知，直到 9 月 23 日才得知七尾城沦陷的消息。胜家感到局势不利，不顾面前还有手取川这一障碍，执意撤退。而从北方南下的上杉军毫不留情地给予痛击。

恰巧当时天降大雨，手取川水位激涨。岸边的织田军由于不熟悉当地战局，被上杉军屠戮殆尽。即便有人逃出来了，最终也被暴涨的河水吞没。

手取川之战在《信长公记》中没有被记载，同时因为资料太少，详细战况并不明了。从织田信长暂时放弃北陆征伐，以及谦信后来在书信中写到"织田弱得出乎意料"等信息来看，织田军确实是大败了。**这是织田军和上杉军唯一一次短兵相接。**

战后 谦信死后上杉氏急转直下

击败织田军的谦信没有选择乘胜追击，而是退回了七尾城。织田军也因此避免了全灭的命运，加贺成为一向宗和谦信的势力范围。

谦信异常渴望能够与信长再度一决雌雄，但半年后，他在越后国（今新潟县）的春日山城突然去世。他没有亲生儿子，两个养子景胜与景虎围绕族长之位争夺了三年之久。最终景胜胜利，**但这场内乱已导致上杉氏的弱化。**

这期间，柴田胜家还在断断续续地与加贺的一向宗战斗。天正八年（1580），一向宗大本营石山本愿寺与信长修好后，胜家也乘势而起，终于平定了加贺。加之长连龙（在七尾城殉命的长纲连之弟）与织田军合作夺回了能登国。总体来看，信长终于报了手取川之战的一箭之仇。

团结一向宗以及地方民众来扰乱敌方的情报工作，是上杉军获胜的原因。而织田军则因内部摩擦等问题一败涂地。

超译解说 **手取川之战的教训**

信长虽然身经百战，但手取川之战对他而言是一个明显的污点。

如果信长率兵出征，那么在他的绝对领导下，想必柴田胜家和羽柴秀吉不会出现摩擦。然而此时信长疲于攻克石山本愿寺，无法亲自领兵。

面对上杉谦信这样的强敌，织田方面虽然派出了一些强将到能登，但没想到，最后弄巧成拙。

"三个和尚没水吃"，在现代公司也是一样的。一旦聚集了很多有能力的领导，彼此之间肯定会因为地位的竞争而产生冲突。这可以说是信长强大的个人魅力下，一个最大的弱点。

当然此战上杉军也有很高明的策略，那就是情报管制。上杉谦信与织田军展开决战前已经笼络了加贺、能登等地的一向宗信徒。在两者的合作之下，织田军无法获悉七尾城的真实状况。

在对战中，阻碍敌方的情报收集是十分有效的制胜手段。虽然在大家心中，谦信往往是那个在川中岛悍然上前单挑的莽夫形象，但像这样把对手一步步引诱到死局，再一口气屠戮的战术，谦信同样熟稔于心。

耳川之战

1578 年　安土桃山时代

意图统一九州的大友氏
输给了"钓野伏"战术

场	日向高城（今宫崎县）	**数**	约 2.5 万人（岛津军）vs 约 4 万人（大友军）
战	岛津氏 vs 大友氏	**原**	大友氏侵略日向
键	伊东义祐	**结**	岛津军胜利
死	田北镇周，佐伯惟教	**损**	不明

★ **战前** 支配九州三分之二领土的天主教大名

丰后国（今大分县）的大友宗麟素来有一个"把九州打造成天主教独立王国"的野心。

在织田信长势如破竹般扩大势力的同时，统治九州筑前国、筑后国（今福冈县）和肥后国（今熊本县）等 6 国的大友氏也在谋划着统一九州。

宗麟与葡萄牙传教士交情甚笃，在南蛮贸易上花了很大工夫，最终把族长之位让给了儿子义统。而后宗麟虽然出家，但仍然信奉天主教。

不过，**天主教大名大友宗麟统一九州的伟业受到了萨摩国、大隅国（今鹿儿岛县）岛津义久的阻拦。**

曾经，大友氏领地和岛津氏领地之间隔着一个日向国（今宫崎县）的伊东氏。天正五年（1577）12 月，岛津军占领了日向。伊东氏当家伊东义祐逃向大友氏，寻

求宗麟的帮助。

战局 大友军败在岛津军的奇袭之下

　　天正六年（1578）3月，大友军进攻日向，他们逐步打退了岛津军，占领了日向北部。

　　10月，顺势南下的大友军包围了岛津军位于耳川前方的高城。人数上大友军占据压倒性优势。宗麟态度悠然，认为"只要好好打长期战就没问题"，甚至还在阵前大摆酒宴。

　　大友军内部的强硬派田北镇周与慎重派佐伯惟教两人在意见上产生矛盾。本来大友氏内部就有很多人对主公轻视佛教、重视天主教的做法颇有微词，还因此产生了摩擦。在这一战中，他们的意见也并不统一。

　　就在大友军内部纷争不断的同时，岛津军的援兵赶到。

镇周下令突击援兵，其他的部队也分别向岛津军进攻。然而，**岛津军却准备了一套"钓野伏"战术，严阵以待。**

他们让少部分军力充当"诱饵"，袭击敌军并佯装撤退，等到敌人追击过来时，再用事先配置好的"伏兵"从侧面发难。这属于岛津军所擅长的战术。

首先，岛津义久的弟弟义弘率领部队诱出镇周的部队，然后再让伏兵从侧面袭击。大友军的武将们都中计了，分散部队开始追击。在追击的路上，岛津军的伏兵杀出，大友军陷入巨大的混乱。

此役镇周、惟教，还有宗麟的心腹吉弘镇信、军师角隈石宗悉数战死。大友军溃不成军，无奈撤退。

战后 岛津氏短暂统一九州

在耳川之战中失败后，大友氏逐渐衰败，岛津氏则控制了日向国。另外，肥前国龙造寺氏也在不断发展，控制了九州的西北部。一路向北扩张势力的岛津氏于天正十二年（1584）的冲田畷之战中大破龙造寺氏。

然而翌年，继承了信长的霸业，将本州大部分揽入囊中的羽柴秀吉，开始进攻九州。一直被岛津氏压制的宗麟向秀吉寻求帮助，借着秀吉的援军与岛津氏对抗。但天正十四年（1586），大友氏在户次川之战中再一次败给了岛津氏。

就这样，九州基本上被岛津氏统一，但不久之后**秀吉便开始了九州征伐。对于岛津氏而言，一统九州不过是一个短暂的梦罢了。**

岛津军的"钓野伏"战术将敌人相互隔绝，逐个击破。当敌方人数众多时，是一个有效的战术。

超译解说 **耳川之战的教训**

少数兵力要想对阵大军，就需要使用像"钓野伏"这样的战术，能够分散敌方，并将之诱进对我方有利的战场。

当然，担任"诱饵"的部队需要胆识过人。率领这支部队的是后来出兵朝鲜时被明军称为"鬼石曼子（鬼岛津）"的猛将岛津义弘。他受命领兵充当诱饵，并出色地完成了任务。

大友军中，宗麟不顾臣下反对执意成为天主教徒，之后又发动了耳川之战。战中强硬派与慎重派意见上的对立导致全军步调不一。不管兵力有多少，这样肯定是无法获胜的。至少，他们也应该听从宗麟的判断。

从某种意义上讲，大友宗麟是有先见之明的。按照现在的说法，他喜欢新事物且野心勃勃，是一位意识超前的领袖。不过，即使这样的领导突然要掀起一场职场改革，恐怕也不是件容易的事。

当从事新行业时，需要部下的理解，只有能够善于采用他们的意见，才能有人追随。

天正伊贺之乱（第二次）

1581 年　安土桃山时代

没有领主的"忍者村" 屈服在信长的霸权下

场	伊贺国（今三重县）	数	约 5 万人（织田军）vs 约 1.5 万人（伊贺众）
战	织田氏 vs 伊贺众	原	第 1 次攻打伊贺失败
键	织田信雄	结	织田军胜利
死	百地丹波（？）	损	不明

战前 织田信雄无端出兵，最终败北

战国时代，有一些地方不受大名支配，在中小规模的国人（地方武士）联合下实行独立自治。至今仍以"忍者之乡"闻名的伊贺就是这样的例子。

伊贺国（今三重县）的自治组织被称为"伊贺惣国一揆"。这里的"一揆"，原意并不是农民起义，而是指团结一致。

和伊贺国相连的甲贺国国人，在各大名之间做着人才派遣的工作。业务除了提供佣兵之外，还派遣在暗中活跃的忍者。他们负责收集情报、暗杀、谋略等工作。准确地说，战国时代是不存在"忍者"这种称呼的，一般来说他们被称为"间者""伺见""乱波""轩猿"等。

伊贺于天正七年（1579）9 月被织田信雄率兵攻打。信雄为了拿到战绩显示其存在感，没有经过父亲信长的批

准便出兵了。

然而，伊贺多山，地形复杂，还拥有600多所城寨。加之伊贺忍者极为擅长游击战。所以想都不用想，信雄以惨败收场。信长听到消息后大为光火，送了一封信，称"你这个蠢货，我要和你断绝父子关系"。这便是第一次天正伊贺之乱。

⚔战局 伊贺居民战死了三分之一

为了洗刷儿子带来的耻辱，并且加快控制畿内的步伐，信长于天正九年（1581）9月决定再度征讨伊贺。除信雄以外，泷川一益、丹羽长秀、筒井顺庆等悉数参战，军队人数达到了5万人。

织田军从5个方向进军伊贺，和讨伐加贺一向一揆以及火烧比睿山的时候一样，手无寸铁的居民依然难逃一死，很多房屋也被烧毁。**伊贺总共有 9 万居民，据说此役中死了 3 万多。**

不过，领地靠近伊贺的大和国（今奈良县）大名筒井顺庆也许是因为和伊贺的居民们关系较好，所以并不像其他武将那样嗜杀。信长得知此事后，甚至还给顺庆写了一封信来催促他加快行动。

另外，织田军不只依靠武力，还在伊贺惣国一揆中进行了分化工作，因此很多人都投靠到织田一方。经过约 2 周的战斗后，织田军迅速占领了伊贺北部。剩下的 1600 名伊贺人退守到伊贺南部的柏原城，但最后这座城也被献出去了。

有说法表示伊贺的领导人百地丹波（三太夫）在此役中战死。另外，为后世所传颂的大盗石川五右卫门据说就是丹波的弟子。

战后 伊贺人在江户幕府恢复了往日的权力

战斗结束后，信长视察化为一片废墟的伊贺忍者之乡，心中狂喜。因为信长意图打造一个中央集权体制，所以绝对不允许有其他敌对势力存在。

据说为了躲避追剿，从伊贺逃出的忍者流亡各地，并且加入了各方大名之中。比如三河国（今爱知县）的**德川家康就招揽了服部半藏正成，给予其重臣待遇。**正成成为由伊贺人所组成的"伊贺同心"的领导人。"伊贺同心"是负责江户警备的武士，并不是忍者。实际上，伊贺也有很多普通的武士，并不都是忍者。

为了不重蹈儿子的覆辙，信长一方面执行彻底的杀戮，另一方面也在做着分化工作，可谓战略上的胜利。

超译解说 天正伊贺之乱（第二次）的教训

天正伊贺之乱的情形，与坐拥大资本的巨型商场驱逐由个人小商店组成的商店街很相似。当然在商业世界中不存在大规模的杀戮行为，但小业主们已然失去了悠闲生活的机会。

没有领主的伊贺民众很自由，行动起来也很轻快。虽然从个体来讲他们是很优秀的武士或忍者，但是缺乏凝聚力。

大商场的经营者甚至还会提出利诱，"你们这里有很多独特的商品，所以就在我们旗下接着干吧"。织田军的分化工作也是这样，导致很多人纷纷叛逃至织田一方。

伊贺出身的忍者和佣兵多以个人或者小队的形式，受雇于各地大名。他们擅长情报活动和游击战，但是却打不了集团战。

另外，织田信雄第一次攻打伊贺之时十分轻敌，没有注重敌境内的情报收集工作。织田信长明白自己儿子能力低下，因此，虽然结果不好，但还是自己承担起了责任。经历了失败之后，下一次能够彻底洗刷耻辱，是信长的过人之处。

本能寺之变

1582 年　安土桃山时代

天下统一近在眼前
霸王信长遗憾落幕

场	京都	**数**	约 1.3 万人（明智军）vs 约 100 人（织田军）
战	明智光秀 vs 织田信长	**原**	明智光秀谋反
键	长宗我部元亲	**结**	织田氏天下统一之梦破碎
死	织田信长，织田信忠	**损**	本能寺及二条御所被焚毁

战前 **猛将都在各地战斗，只剩下了光秀**

　　天正四年（1576），织田信长在琵琶湖东岸开始建造安土城，3 年后竣工。

　　安土城天守阁的高度前所未见，如同宫殿一般，它是信长的寓所，同时也是政治基地。这座建筑物可谓是信长野心的一个具象化，他打算"从此地号令天下"。

　　天正十年（1582）5 月，剑指天下统一的信长亲自出兵中国地方，途中进入京都休整。此前朝廷曾询问过信长："您想当太政大臣、关白还是将军？"但信长的回答至今不明。

　　信长只带了少数几个部下进入京都本能寺暂住。此时的柴田胜家正在攻打越中的鱼津城，羽柴秀吉正在包围中国地方的备中高松城，泷川一益正在关东与北条氏对阵。也就是说，其主要部下都分散在各地。

就在此时，
这个五月，
天翻地覆
——光秀

　　由于秀吉请求了增援，信长要求留在畿内的明智光秀
做好出兵中国地方的准备。战国时代最大的突发事件，即
将拉开帷幕。

❌战局 织田信忠白白浪费了逃脱机会

　　光秀离开丹波国（今兵库县）龟冈城后，在老之坂突
然发出了"敌在本能寺"的宣言，遂率部众向京都进军。6
月 2 日，总数达 1.3 万人的光秀部队包围了本能寺，并朝
本能寺放火。信长的警卫人员只有 100 人左右，几乎无力
阻挡敌人。

　　近侍森兰丸报告光秀谋反的消息后，信长只觉无力回
天。幸存下来的侍女称信长本人虽然手持长枪准备战斗，
但发觉形势极度不利，最终无奈自杀。

　　眼见本能寺化为灰烬的光秀，向信长嫡子信忠所在的
妙觉寺也派去了兵力。知悉风云突变的信忠离开了妙觉寺，

据守在二条御所。信忠手边仅有 1000 人左右，虽然拼死反抗，但寡不敌众。在御所的诚仁亲王撤离后，信忠也自杀了。

实际上，**袭击本能寺和袭击妙觉寺之间存在时间差，信忠完全有机会离开京都，逃回安土城**。可能信忠发现本能寺遇袭之后，认为逃跑路线都已被封锁，所以才会在原地抵抗。

然而，为人缜密的光秀却并没有做如此安排，可见其谋反是仓促之下的决定。

战后 谋反的真相至今依旧是个谜

光秀占领了信长的大本营安土城，朝廷也暂时持默许的态度。然而，光秀的谋反既没有正当的名分，对部下的控制也很不充分。

为何光秀要掀起"本能寺之变"？原因众说纷纭，真相至今也是个谜。或许是因为光秀受信长之命，攻打丹波的八上城时，作为人质的老母亲不慎殉难，所以光秀怀恨在心。不过这并不是史实。

幕后黑手是朝廷吗？还是被信长流放的足利义昭，还是信长所打压的耶稣会，抑或是羽柴秀吉？总之大家七嘴八舌，但都没有确证。

近年来，有人说光秀曾受命拉拢四国的长宗我部元亲，还与长宗我部氏结下姻亲关系。然而信长突然改变了方针，所以光秀夹在中间左右为难，最终决定谋反……但无论如何，光秀还是当了一阵子的天下之主。

> 明智光秀的袭击时机非常好。然而，因为没有充分宣扬谋反的正当性，所以策略上是失败的。

超译解说 本能寺之变的教训

战国时代的代名词非"下克上"莫属。织田信长是一个典型的"专制君主"，因此招致了很多人的愤恨。即便没有明智光秀，同样的事情还是有可能发生的。

虽然光秀的动机不明，但羽柴秀吉、柴田胜家等重臣此时恰在"出差"，京都只有信长一个人，时机堪称绝妙。正因谋反是突然下达的决断，所以信长也没办法充分应对。

然而，本能寺之变后的光秀还是失败了。虽然高喊"敌在本能寺"，但光秀并没有说明讨伐信长的理由。如果把信长残暴的一面宣扬出去，那么那些痛恨信长的大名和寺社势力应该是会加入的。遗憾的是，光秀并没有那么做。

信长早年间就已经使用刻有"天下布武"四字的印章，不遗余力地宣扬自己的政策。并且他建造的安土城不是为战斗所用，而是为处理政务所用。可以说，信长是权力宣传方面的典范。虽然光秀一直跟着信长鞍前马后，但并没有学到信长的"宣传力"。最后光秀只是作为一个叛臣，迎来悲惨的结局。

山崎之战

秀吉天下之主的起点
决战天王山

场	山崎（今京都府）	**数**	约 4 万人（羽柴军）vs 约 1.3 万人（明智军）
战	羽柴秀吉 vs 明智光秀	**原**	本能寺之变
键	筒井顺庆	**结**	明智军战败
死	明智光秀	**损**	不明

战前 2 万士兵 5 天之内，从备中到畿内

就在本能寺之变发生之前，羽柴秀吉正攻打毛利氏在备中（今冈山县）的高松城。

秀吉听取了心腹黑田官兵卫的意见，悍然发动了水攻。当时是梅雨时节，道道洪流涌进了高松城。城主清水宗治以保全城内士兵性命为条件，决定讲和。

就在讲和开始后，秀吉听到了"织田信长为明智光秀所杀"这个晴天霹雳的消息。他一面封锁消息，一面与毛利军讲和，逼迫宗治自杀。

秀吉知道信长死亡的消息是在天正十年（1582）6 月 3 日之夜，从备中撤退则是 6 日凌晨。**面对手下 2 万士兵，他不吝各种赏赐，为的就是能尽早回到京都。这就是"中国大返还"。**

羽柴军的先头部队于 6 月 12 日到达山城国（今京都府）

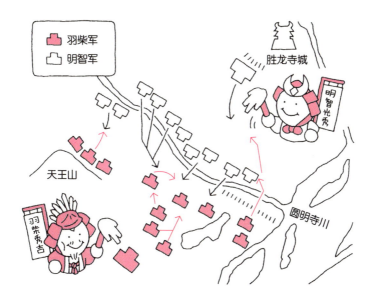

的山崎。这个速度远远超出了光秀的预料。此时秀吉又拉拢了畿内的中川清秀、高山右近等织田家武将。信长的第三子信孝、信长的乳兄弟（乳母之子）池田恒兴也与秀吉合兵一处。

⚔ 战局 孤家寡人光秀的结局

光秀曾邀请筒井顺庆加入，但顺庆一直在观望局势，最后他加入了秀吉一方。

秀吉等人占据了山崎北部海拔270米的天王山，而光秀则在天王山东北方向的胜龙寺城摆开阵势。

6月13日午后，在天王山山麓，两军开始了激战。明智军首先击溃了中川清秀的部队。由于道路狭长且多泥泞，所以初期都是一些局部战斗。然而，1小时后迂回前行的羽柴军开始攻打明智军，战况为之一变。

处于明智军中心地位的斋藤利三部队被包围并溃退后，本来兵力就不如秀吉的光秀开始撤退。太阳落山后，光秀逃进了胜龙寺城。

两军围绕天王山的激战，后世广为流传，"天王山"也因此被用来形容体育比赛中的节点赛事。

不堪羽柴军猛攻而跑出胜龙寺城的光秀，企图逃回自己在近江国（今滋贺县）的大本营坂本城，一路上手下士兵逃跑者十之八九。

秀吉于是又命令山崎附近的居民"封锁光秀逃跑的路线"。**光秀跑到京都伏见附近时被农民袭击，自觉回天乏术后无奈自杀。**此时距离信长之死，也不过才 13 天。

🌸战后 在信长继任者问题上秀吉也是主导

虽然织田信孝也参加了山崎之战，但由于兵力匮乏，所以主导权基本在秀吉手里。**由于为主公报了仇，秀吉说话的分量显著加重。**

织田氏的四位重臣（羽柴秀吉、柴田胜家、丹羽长秀、池田恒兴）于 6 月末在尾张国（今爱知县）清洲城会谈，商量信长死后的继任者问题，史称清洲会议。因为信长的嫡子信忠也已过世，所以次子信雄和三子信孝成为继位的有力人选。

然而，秀吉并未让二者继位，而是推举了信忠的儿子、信长的长孙三法师（织田秀信）。长秀和恒兴赞成秀吉的意见，胜家勉强同意。此后，秀吉和胜家的矛盾进一步激化。

羽柴秀吉胜利的原因有三：一是超快速返回京都的行动力，二是与织田家臣的亲密关系，三是大胆果决的性格。

超译解说 **山崎之战的教训**

秀吉获胜的最大原因，就是能够驱使 2 万大军，仅用 5 天就从备中返回畿内的超快行动力。正因如此，渴望为主公报仇的织田氏家臣才能够团结一致，同时也不给光秀备战的时间。能够创造出有利于己方的条件，这全凭秀吉的才能和直觉。

《孙子兵法》中说道："出其不意，攻其不备。"也就是说相比战术，速度是更重要的。

那么，这样的速度是如何实现的呢？为了改善由备中征伐所造成的士气低落问题，秀吉丝毫没有吝惜封赏。不论何时，只要把工资给得高高的，士气自然就上来了。加之秀吉与中川清秀结下了亲密的友谊，在织田家臣当中非常注重人脉的培养。非常时刻，能够保证身边有值得信赖的伙伴是非常重要的。

相反，光秀在本能寺之变后，虽然有意拉拢多位织田氏家臣，但基本都失败了。征讨信长后，光秀虽把安土城中的财产分给心腹，但在维持臣下的忠诚度方面，仍然没有尽全力。

山崎之战的胜者羽柴秀吉和败者明智光秀之间，就差在了"如何强化人际关系"这一点上。

贱岳之战

1583 年　安土桃山时代

紧握织田氏主导权
秀吉开始争夺天下

场	近江伊香（今滋贺县）	**数**	约5万人（羽柴军）vs 约3万人（柴田军）
战	羽柴秀吉 vs 柴田胜家	**原**	围绕织田氏主导权的争夺
键	织田信孝	**结**	羽柴军胜利
死	中川清秀	**损**	不明

战前 因大雪而迟到的柴田胜家

　　本能寺之变以后，织田信长之孙、年仅 3 岁的三法师继任族长之位，打败明智光秀的羽柴秀吉成为三法师的监护人。而自幼跟随信长的最强老臣柴田胜家，对此自然非常不满。

　　另外，信长的次子信雄、三子信孝由于没能继位，对秀吉怀恨在心。能力上优于信雄的信孝率先与胜家结盟，并让在浅井氏灭亡后回到织田家的姑姑阿市与胜家再婚。如此，**反秀吉集团已经成形，织田家中也分为两派，双方势如水火**。

　　胜家的大本营是越前国（今福井县）的北庄城。北陆地方冬天的大雪使得行军并不顺利。秀吉算准时间，于天正十年（1582）12月先一步攻陷了胜家侄子胜丰的长滨城。之后位于岐阜城的信孝虽然举兵，但由于无法与胜家协同

作战，被秀吉包围在城内，不久便投降了。

翌年 2 月，秀吉进攻了伊势国（今三重县），降伏了
与胜家合作的泷川一益。

⚔ 秀吉离开战线，超高速掉头

就在秀吉四处征伐的同时，胜家意图与中国地方的毛
利辉元，还有织田氏长久以来的同盟德川家康等人联手，
但都失败了。

到了 3 月，冰消雪融。胜家决定与秀吉一决生死，便
和前田利家、佐久间盛政等同盟武将一起向南部进军。秀
吉则与在本能寺之变后联手的池田恒兴、中川清秀、丹羽
长秀等人，在琵琶湖北岸的贱岳摆好阵势。

两军对峙了一个月，突然，秀吉收到了岐阜城的织田
信孝再度举兵攻向自己的消息。

秀吉急忙向东讨伐信孝，这时盛政袭击并占领了羽柴军的大岩山砦。此战，中川清秀战死，柴田军士气大增。

来到大垣的秀吉在听取了战况报告后，立马以惊人的速度返回了50千米外的贱岳，其间只用了5个小时。最终，秀吉击退了盛政。**有说法称秀吉是故意离开战线的，为的就是诱出柴田军。**

看到羽柴军确立了战场优势，跟随胜家的前田利家撤离了战场。利家本来与秀吉关系甚笃，此时秀吉又占据上风，于是就放弃了胜家。胜家的部队被孤立，只得败退到北庄城。另外，此战中福岛正则、加藤清正等七位从小被秀吉培养起来的武士英勇奋战，人称"贱岳七本枪"。然而这不过是后世的夸大之词罢了。

战后 与胜家共赴黄泉的阿市

秀吉直接进军北庄城。退到大本营金泽的利家，也在秀吉的劝说下，加入了包围北庄城的队伍。

待到围攻的军队向城内放火时，胜家已做好赴死的准备，打算让阿市带着3个女儿（茶茶、阿初、阿江）离开后再自杀。然而阿市留在城内，与胜家共赴黄泉。

另一边，岐阜城的信孝失去了盟友，遭到了秀吉和信雄的围攻，投降后自杀了。

秀吉给自己取的"羽柴"姓，就是源自织田氏的两位老臣丹羽长秀和柴田胜家。讽刺的是，柴田胜家被秀吉所灭，丹羽长秀则支持了秀吉，两者晚年的命运竟截然不同。

> 羽柴秀吉预判了柴田胜家的动向，在开战前就做好了准备，已然占尽优势。

超译解说 贱岳之战的教训

柴田胜家料到不久之后与秀吉之间必有一战，所以在冬天到来前回到了北庄城。虽然北陆的大雪可以保证不会遭到敌方进攻，但相对的，自己也无法主动出击。

如果胜家能够留在畿内的柴田氏前线基地长滨城的话，那么就能和织田信孝及泷川一益顺利配合，在贱岳之战开始前创造出有利的局面。

即便是现在，大雨和风暴会影响物流，严冬和干旱会影响农作物产量，这些对于企业活动而言都是"气候风险"。既然明白与秀吉的冲突不可避免，就应该想好今后自己要在哪里和做什么。相反，预判出胜家回到北方的秀吉，才更为高明。

秀吉趁胜家因大雪难出兵时，封锁了信孝和一益。能够说动前田利家加入己方，也代表其人际关系一贯维持得不错。可以说，秀吉在开战之前已经占尽了先机。

骁勇善战的胜家认为自己"全力一战绝不会输"。但我们可以大胆地说："战斗有十分，九分靠准备。"所以必须要备齐所有能够促成胜利的条件方能取胜。胜家失败的最大原因，就是没有进行周密的战前准备。

小牧·长久手之战

1584 年　安土桃山时代

家康虽然获得战术胜利
但在谋略中输给了秀吉

场	尾张国（今爱知县）	**数**	约 7 万人（羽柴军）vs 约 3.5 万人（织田·德川军）
战	羽柴秀吉 vs 织田信雄，德川家康	**原**	织田信雄举兵
键	羽柴秀次	**结**	和解
死	池田恒兴，森长可	**损**	不明

战前 独自扩大势力的德川家康

　　贱岳之战时，织田信雄出于对弟弟信孝的竞争意识，选择与羽柴秀吉联手。然而，等柴田胜家和信孝死亡后，织田氏仿佛完全成为秀吉的囊中之物一般。**信雄并没有预判出后续的走势，对织田氏而言实属遗憾。**

　　三河国（今爱知县）的德川家康对秀吉非常不满。本能寺之变后，家康越过伊贺回到自己的大本营。之后夺取了因织田氏内部混乱导致无人管理的旧武田氏领地信浓国、甲斐国（分别为今长野县、山梨县），小心谨慎地扩大着自己的势力范围。

　　信雄认为自己无法与秀吉对抗，于是便向家康传话，希望联手。两者为了打倒秀吉而举兵，于天正十二年（1584）3 月，在尾张国的小牧山一带布阵。

　　然战局对秀吉极其有利。首先池田恒兴夺取了织田信

雄的犬山城。随后恒兴的女婿森长可攻打了犬山城南部的羽黑城，但遭到德川军酒井忠次的抵抗而败退，后与从大坂出发的秀吉在犬山城合流，以上就是小牧之战的情况。

⚔战局 暗中交涉挽回战场上的失利

　　两军对峙期间，恒兴与长可建议："直接攻击家康的大本营三河，家康肯定会害怕。"虽然兵力上羽柴军处于优势，但秀吉却面露难色。然而，外甥秀次跃跃欲试，最后秀吉许可了这个战术。

　　就这样，约 2 万人的羽柴军向三河的冈崎城进军。但是家康察觉到敌方的动向，派遣榊原康政追击，自己也亲自上阵。

　　两军在三河近前的长久手交战。没有想到对方会追击的秀次损失惨重，恒兴和长可也在交战中丧命。秀吉虽然派出援兵前往，但为时已晚。家康回到了小牧山，和秀吉再次对峙。

在小牧之战开始前，家康已经与各地的反秀吉势力打好招呼。开战后，伊势国（今三重县）和美浓国（今岐阜县）中有一些支持家康的势力与秀吉势力展开争斗。

认为无法力敌的秀吉改变了方针，决定集中兵力进攻信雄在伊势国的户木城，并且暗中与信雄进行和谈。**信雄不善于长期作战，于是答应与秀吉单独讲和。信雄自作主张的讲和，令家康猝不及防，家康也因此失掉了继续战斗的理由，**无奈下只得跟着一同讲和。此战可谓是因信雄而起，又因信雄而止。

战后 秀吉和家康成了亲家

稳住家康与信雄的秀吉为了树立自己的权威，开始与朝廷沟通。他于天正十三年（1585）成为关白。翌年，得到朝廷赐姓"丰臣"的秀吉，接连平定了四国和九州，在天下统一的道路上行进着。

战败的家康将儿子秀康过继给秀吉，实际就是让秀康当了人质。秀吉也将自己的妹妹朝日姬嫁给家康，并把家康叫到大坂城。**在此，家康向秀吉宣誓效忠。**

不过，信雄去哪里了呢？他一开始先追随靠战争确立霸权的秀吉，然而又拒绝了秀吉将其从尾张转封至关东的命令。他的领地被没收，被迫出家。在关原之战（参照236页）中，信雄加入了家康，一直活到了江户时代。

决定胜负的关键

家康在织田信雄的请求下举兵，而秀吉则靠织田信雄的软弱胜出。两者在"如何使用'无能之人'"的问题上做法大相径庭。

`超译解说` **小牧·长久手之战的教训**

博弈论是备受当今商界重视的一种思考方式。当存在多个利害关系人时，采取最为适宜的行动，就是博弈论的主旨。就像博弈论所主张的那样，秀吉采取了最为适宜的行动，最终促成和解，在战略上取得了成功。这与战胜对方没什么两样。"即便无法在战场获胜，使用别的手段达到最终胜利就可以了"的方法，是能够运用在各个领域的。

这场战斗的关键，在于如何利用出身优良但能力不足的织田信雄。家康在与武田氏和北条氏等强敌的战斗中，不断积累经验，自然能征善战。所以在小牧·长久手之战中，家康得以获得两个战场的战术胜利。也就是说，论实战，家康要更胜一筹。

不过，秀吉在多个方向开辟了战线，不拘泥于单次战斗的胜负，只要最终能使家康屈服就行。在这场战斗中，秀吉将信雄玩弄于股掌之中，用最小的力量取得了最大的效果。他不为眼前的胜败所扰，具备良好的大局观。

只是经此一役，秀吉明白自己本来抱以厚望的外甥秀次，其实和信雄一样是个平庸之辈。对秀吉而言，也许这就是他的失算。

小田原征伐

压倒性的胜利
天下统一完成

场	相模小田原（今神奈川县）	数	约 14 万人（丰臣军）vs 约 5.6 万人（北条军）
战	丰臣秀吉 vs 北条氏政，北条氏直	原	北条父子无视《惣无事令》
键	德川家康	结	丰臣军胜利
死	北条氏政	损	八王子城等关东各地遭到破坏

战前 秀吉向全国下令"禁止战争"

丰臣秀吉先后于天正十三年（1585）向九州，天正十五年（1587）向关东和奥州，发布了《惣无事令》。命令表示"今后若无许可，则禁止战争"。

九州的岛津氏因无视了这份命令遭到秀吉的镇压，由此西日本完全在秀吉的支配之中。

然而，以关东为势力范围的北条氏政、氏直父子也无视了《惣无事令》，与在秀吉庇护下的信浓国（今长野县）真田氏打得有来有回。

秀吉要求氏政到京都当面商议，氏政对此也无动于衷。终于，天正十八年（1590）1 月，愤怒的秀吉开始攻打北条氏的大本营相模国（今神奈川县）。首先由德川家康从西侧开始进攻，之后秀吉接连发动了已经归顺的上杉景胜、毛利辉元等各地的强力大名。**待到 3 月，秀吉则亲**

应当那么干 应当这么干

北条氏直　北条氏政

石垣山城

小田原城

自披挂上阵。

⚔ 战局 只消一夜，北条军的眼前便出现一座城

　　有人说丰臣军的兵力达到了 20 万以上。而北条军动员了大量民众也不过五六万人。氏直起初还打算联合氏直的岳父家康，以及东北的伊达政宗，但家康已然跟随了秀吉，政宗也在之后与丰臣军合流。

　　就这样，北条氏几乎与全日本的大名为敌。他们将最后的希望寄托在了小田原城上，这座军神上杉谦信也攻不下来的天下名城。他们彻底加强城防，并储备了大量粮草。

　　与此相对，丰臣军一边包围小田原城，一边将八王子城、河越城等关东地方的北条氏支城悉数攻破，企图动摇北条氏。

　　之后为了消磨北条军的战意，秀吉更是做了一场大秀。

他在能够俯瞰到小田原城的笠悬山上建造了一座前线基地——石垣山城。虽然实际的建造时间长达 80 天，但建造途中一直以林木掩盖现场。完成后，**秀吉砍掉周围的林木，使得这座城好像是一夜之间拔地而起一般**。而且，秀吉在城中悠然地举行茶会，演奏能乐，并且故意把各种情况详细地透露给了北条军。获悉内容后，小田原城内变得人心惶惶，甚至还出现了叛徒。

北条氏的支城不断沦陷。到了 6 月，一直坚守的氏政、氏直终于投降了。几个支城中唯一勇敢抵抗的武藏国（今埼玉县）忍城，不得已也向丰臣军的石田三成投降。

沦为败军之将的氏直希望切腹谢罪，但秀吉赦免了他，取而代之让氏直的父亲氏政切腹。由此，北条氏对关东持续了 100 年左右的统治终于落幕。

战后 家康开始统治关东

战国时代因北条早云而起，又因北条氏政、氏直的灭亡而终。凭借"下克上"而发迹，成长为关东名门的北条氏最终被灭，实在是一个讽刺的结局。

战后，**家康离开了一直以来栖身的东海地方，开始统治武藏、相模等关东八州**。虽然有人说这是秀吉出于警惕心，故意把家康派到较远一点的地方去，但家康积极开发脱离战火的关东，使得江户成为当时日本数一数二的大城市。

另外，降伏伊达氏的秀吉开始处置奥州，平定了东北。就这样，全国的战乱终结，秀吉统一了天下。

秀吉做了一场"志在必得"的大秀，消磨了敌人的士气。
而北条氏被名门的自尊蒙蔽了双眼，没有认清局势。

超译解说 小田原征伐的教训

实际上，直到最后，小田原征伐也没出现什么大规模的战斗。想必秀吉也认为正面进攻只会徒增损害，而且会让出兵的大名们心生不满。即便处在压倒性优势下，也需要对己方进行细致的管理。

所以，面对固若金汤的小田原城，秀吉转变策略，开始攻陷北条氏的支城。秀吉和参战的大名在阵地上举行了茶会，营造出一种"胳膊拧不过大腿"的感觉，致使北条军丧失了士气。

心理学中有一种"从众效应"。选举时，处于优势的候选人会收到更多的选票。市场中，大家则会纷纷购买一些所谓的"人气商品"。它们在众人心中催生出了一种"紧跟潮流"的心理。

秀吉动员上杉景胜等各地大名，为的就是营造出一种"不要错过潮流"的氛围。伊达政宗也败给了这种"从众效应"。

而北条氏没有选择从众的原因，一方面在于轻视秀吉，另一方面则是被名门的自尊遮蔽了双眼。生死攸关的决断必须慎之又慎。在这种场合，或许紧跟潮流才是更正确的选择。

文禄之役

秀吉的目标到底为何
失败的征服亚洲计划

场	朝鲜半岛全域	数	16 万人（丰臣军）vs 数十万人（明朝·朝鲜联军）
战	丰臣秀吉 vs 中国明朝，朝鲜	原	丰臣秀吉的进军海外政策
键	万历帝	结	丰臣军撤退
死	李舜臣	损	汉城（今首尔）损毁

战前　秀吉妄想统一亚洲

如同"退休后"这个词的背后含义那样，一辈子辛苦劳作的人一旦闲下来反而会变得不安。统一日本之后，野心勃勃的丰臣秀吉开始妄图谋划攻打明朝。

虽然这个计划看上去十分欠考虑，但也有它的理由。首先，由于日本国内已经没有新的领土可以瓜分，所以秀吉或许认为只有从海外掠得领土才能解决这个问题。

另外，当时明朝限制官方贸易，有研究表明秀吉试图以武力迫使明朝开放贸易。而且秀吉似乎也是为了与西洋诸国对抗，产生了妄想从东至南将亚洲合为一体的意图。

秀吉通过对马岛的宗义智向李氏朝鲜提出联合侵犯明朝的要求。然而，李氏朝鲜重视与明朝的藩属关系，拒绝了秀吉的合作要求。在中间受到夹板气的宗义智企图蒙混过关，但双方交涉失败的事实最终暴露了出来。

秀吉下定决心，于文禄元年（1592），派遣宇喜多秀家、加藤清正以及小西行长等人率 16 万大军进攻朝鲜。文禄之役就此打响。

⚔ 没有亲临战场，就向对方提出无理要求

日军在釜山登陆后，当年 6 月就攻陷了平壤。加藤清正进攻速度之快，甚至打到了中国东北地区的兀良哈三卫。

日本武士久经战乱，来势汹汹。而朝鲜方面很久没进行过大的战役，士兵缺乏实战经验，甚至不知道火枪该怎么用。

虽然朝鲜官方军队动作缓慢，但各地农民纷纷化身义兵奋起反抗。李舜臣率领的水军也英勇奋战，7 月，明朝万历皇帝向朝鲜派出了援军。

小早川隆景率领的日军在朝鲜京畿道的碧蹄馆之战中战胜了明朝·朝鲜联军。但随着战期的延长，日军不得不

直面朝鲜半岛的严冬，军中陆续出现士兵被冻伤的情况，使得日军的战斗力大减。局势渐渐不利的日军决定讲和，故而暂时休战。

在肥前国（今佐贺县）的名护屋城指挥战斗的秀吉，提出了"割让朝鲜南四道给日本""让明朝公主嫁入天皇家""把朝鲜王子送到日本当人质"等**诸多无理的要求**。但是，这些要求并没有正式传到朝鲜那里。

负责传达交涉结果的明朝使节于文禄五年（1596）8月到达日本。明朝万历皇帝册封秀吉为"日本国王"，但无视了秀吉的所有要求。

战后 愤怒的秀吉命令日军在朝鲜当地施暴

秀吉对明朝的回应大为光火，庆长二年（1597）2月，他再次在全国动员了14万人攻打朝鲜，史称庆长之役。

作为战果的证明，秀吉命令加藤清正等人割掉俘虏以及当地居民的鼻子送回日本。之后更是大肆将朝鲜的陶工等手艺人掳回日本。

然而，庆长三年（1598），秀吉去世，只给众人留下了"请辅佐秀赖"的遗命，并没有提到该如何处理朝鲜半岛的问题。**丧失战意的日军，终于开始撤退。**[1]

秀吉死后，日本对朝鲜半岛与明朝的侵略计划以失败告终。丰臣氏因此威信大减。

---

[1] 文禄·庆长之役，中国称"万历朝鲜战争"，1592—1598年，丰臣秀吉两次出兵侵略朝鲜，均因明朝的援战而以失败告终。

决定胜负的关键

> 在日本国内指挥是秀吉根本上的错误，使得最终战线拉长，补给不足。

超译解说 **文禄之役的教训**

现代社会，当日本的企业进军海外但领导者却从来没去过当地，这是不可想象的。在这场战役中，直到最后，秀吉也从未踏上过朝鲜的土地。

从某种意义上讲，指挥官身处国内指挥战斗，那就是纸上谈兵。如果不熟悉现场情况，根本无法取胜。

退一步讲，在一场领导人缺席的行动中，团队之间的合作是很重要的。若当下局势有利，不会出什么大问题。而一旦陷入不利，团队之间的合作不紧密，就会导致整体机能不全。

战国时代，长期的战乱使得日军训练程度较高，武装也很充足。而朝鲜军队士气低迷，准备也不甚充分。所以，在战斗刚刚打响之时，日军进展顺利。

但是，由于总指挥官留在日本国内，在朝鲜的日军陷入了指挥不畅的状态。战线不断北移，补给点也支离破碎，这些都是痛点。

和谈也是。秀吉之所以会提出诸多无理要求，想必也是因为不熟悉两国的情况。

关原之战

奠定德川家康统治天下的大战
谋略与背叛此起彼伏

场	美浓关原（今岐阜县）	**数**	约 7 万人（东军）vs 约 8 万人（西军）
战	德川家康 vs 石田三成	**原**	丰臣政权的主导权之争
键	小早川秀秋	**结**	德川军胜利
死	大谷吉继，石田三成	**损**	不明

战前 事前的准备工作争取了充足的时间

　　秀吉只用了一代的努力就成为天下共主。在他死后，继位者秀赖只是一个 5 岁的孩子。**至此，丰臣政权采取德川家康、前田利家等"五大老"和石田三成、浅野长政等"五奉行"组成的集团统治体制。**

　　在这个体制下，家康的话语权急剧上升，并且拉拢了与石田三成等文官派不和的武官派，包括加藤清正、福岛正则等人。恰在此时，能够在丰臣政权内部对立中做出制衡的前田利家突然去世。

　　于是，庆长五年（1600）6 月，事实上已经居于首位的家康，以"五大老"之一的上杉景胜有谋反之心为由，向陆奥国会津（今福岛县）进军。不过这只是一场佯攻，为的是"引诱三成发起进攻"。

　　石田三成联合毛利辉元和宇喜多秀家等人举兵，并攻

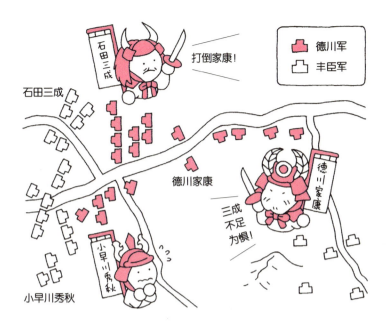

陷了家康的据点伏见城。

之后家康在江户城待了 1 个月，积极笼络各地的大名。待到 9 月，终于向西发兵。

✕ 战局 两军一直观望，迟迟不肯出手

位于美浓国（今岐阜县）大垣城的石田三成，得知家康绕过大垣城直取大坂时，不等大坂城的秀赖与毛利辉元合兵，便急忙出兵了。

9 月 15 日晨间，家康率领的东军 7 万人，和三成率领的西军 8 万人，在堪称畿内门户的关原对峙。

德川军中长期担任先锋的井伊直政向西军的宇喜多秀家部发动攻击，关原之战由此打响。西军不仅人数占优势，还占据了高地，并且以包围东军的形状布阵。然而，很多大名对三成并不忠诚。毛利氏的小早川秀秋与吉川广家暗

中早与家康勾结在一起。

不过东军当中也存在一些并不完全效忠家康的大名。就这样，**两军中的大名们各怀鬼胎，所以战局并没有实质性进展，一直处在对峙之中。**待到中午，秀秋的态度依然不明朗。据说忍无可忍的家康曾下令朝秀秋的部队开枪，逼迫秀秋做出选择。

最终，秀秋进攻了身旁大谷吉继的阵地。大谷部被灭后，西军进一步动摇。乘势而起的东军在家康的总攻命令下一举击溃西军，三成最终撤退。总投入兵力达 15 万的关原之战，仅用大约 8 个小时就决出了胜负。

战后 西军首领不战而降

战后，名义上担任西军总大将的毛利辉元放弃抵抗家康，将大坂城拱手献出。石田三成被捕，与小西行长等一同在京都被处决。

在关原之战前后，畿内和九州等各个地方都发生了德川势力与丰臣势力的争斗事件。在出羽国（今山形县），隶属上杉氏的直江兼续、前田庆次和加入东军的最上义光、伊达政宗在长谷堂城对决。兼续最终失败，但手下的 2 万士兵得以安全撤退。

另一边，家康没收了西军大名的领地，分给了福岛正则等加入东军的强力大名。**丰臣氏因此降低为仅统治大坂周边地带的一介普通大名。**

如此，在战国乱世中胜出的家康，于庆长八年（1603）就任征夷大将军，在江户开设了幕府。

德川家康在暗地里针对那些讨厌三成的武将做工作，最终取得了效果。另外，其争取摇摆阵营的策略也堪称出色。

超译解说 **关原之战的教训**

关原之战被誉为"决定天下命运的战争"，但相比现场的厮杀，事前对大名们的拉拢工作才是决定胜负的关键。

石田三成比家康年轻了近 20 岁，一直担任丰臣秀吉的私人秘书。他在战略和战术方面经验不足，两人差距便由此产生。

现代经济学有一个"二八法则"。比如一个企业虽然员工众多，但大部分产值仅由 20% 的员工产出。又如，决定自家商品销售额的是 20% 的核心用户群。

当然，那剩余的 80% 并非没有存在的价值。如果没有冗余（整体的富余），只有积极工作的人就会疲惫不堪，如果遇到突发状况，那么剩余的 80% 也能够得到有效利用。

可以说关原之战中小早川秀秋的背叛，就是这样一个合适的时机。如果有人能够下决心打破力量均衡的状态，那么一直观望和摇摆中的大名就能够行动起来。

家康不仅经历了许多强力碰撞，还经历了为数不少的背叛与危机。因此，他才得以在关原之战中，将战略发挥至极限。

大坂冬之阵

1614 年　江户时代

因为一句抱怨而起
攻略天下名城的战争

场	大坂（今大阪府）	**数**	约 20 万人（德川军）vs 约 10 万人（丰臣军）
战	德川家康 vs 丰臣秀赖	**原**	德川氏确立了统治地位
键	真田幸村（信繁）	**结**	德川军占据优势后和解
死	南条元忠	**损**	大坂城外护城河被填埋

战前　成年后的秀赖令家康也胆寒三分

　　江户幕府成立后，丰臣秀赖虽然只是一介普通大名，但待遇优厚，还迎娶了德川家康的孙女千姬。曾经受惠于丰臣氏的武将也依旧保有巨大的实力。家康任将军时在全国各地大兴土木，史称"天下普请"，为的就是抵御丰臣氏卷土重来。

　　庆长十六年（1611），成年后的丰臣秀赖在京都二条城与家康会面。据说，父亲秀吉个子很小，秀赖却是个完全不同的大汉（身高接近 2 米），自有一股威严感。所以内心不安的家康决定要消灭秀赖。

　　此时的丰臣氏不断招募浪人，给外界留下了"定有所图"的印象。庆长十九年（1614）7 月，**有人为丰臣氏为纪念秀吉而重建的方广寺献了一口钟，上面刻有"国家安康""君臣丰乐"几个大字**。想出这句话的是一位名叫文英

清韩的僧人，他认为把将军家康的名字写进去会很吉利。

　　然而，家康认为在"家"和"康"之间隔了一个字，这如同是让他身首异处。而且把"君臣丰乐"倒过来写，意为"让丰臣的君主喜乐"，于是便对丰臣家发难。他无理地要求秀赖交出母亲淀殿作为人质，以示永不反叛。

⚔ 打退德川军的"真田丸"

　　由于双方交涉失败，1614 年 10 月 1 日，家康动员各地大名"攻打大坂"，而且还亲临战场，在大坂城南方的茶臼山摆下阵势。

　　秀赖也在全国范围内向曾经受惠于丰臣氏的大名求助。虽然多数都被无视，但对家康素有怨恨的浪人真田幸村、长宗我部盛亲等人参与了丰臣军的抵抗。

　　幸村在防御力薄弱的大坂城南侧，修筑了一个名叫

"真田丸"的半圆形阵地，十分坚固。德川军在此吃了不少苦头。

不过，由于丰臣军是一支七拼八凑的部队，步调始终无法一致。幸村认为应当在城外展开攻势，但丰臣军因在大和川附近的鸣野之战和今福之战中败退，故而坚持据守。

两军在这一仗当中都出了许多叛徒。大坂城中的南条元忠由于自己与德川军暗通款曲一事暴露，最终自杀。开战前受秀赖之命与家康进行交涉的片桐且元，在被怀疑私通家康后，离开了大坂城。且元曾向家康献上了"持续炮轰大坂城，以便向淀殿和众女官制造恐怖"的计策。实际上，有一发炮弹正中淀殿的居所。心惊胆战的淀殿不顾周围人的反对，最终答应与家康和谈。

战后 和谈中的家康故作大度，实际另有谋划

在和谈中，家康取消了淀殿做人质的要求，也不怪罪那些支持秀赖的浪人，还不打算染指秀赖的领地。表示如果秀赖献城，则可以安排其他的领地让秀赖栖身。足可见其宽容的态度。

然而，**家康要求让己方填埋大坂城外的护城河，而内城的护城河则由丰臣方填埋。**当时大坂城的占地面积很大，据说达 3 平方千米之广（约是东京迪士尼乐园的 6 倍）。秀赖与淀殿最终答应了这个要求。

其实，家康打算逐步卸下大坂城巨大的城防体系后再进攻，所以这次和谈只是策略的一环而已。

从战前的胡搅蛮缠再到战时的心理战，德川家康的着眼点实在很妙。丰臣氏指挥官不在现场，因此遭受了痛击。

超译解说 大坂冬之阵的教训

"国家安康"几个字而引发一系列事件，可谓是闻所未闻的胡搅蛮缠，但撰写文案的文英清韩确实受到了许多高僧的批判，因为在当时来看这是一件很失礼的事。

即便是当下，在网络上随便拿别人的名字和肖像开涮，也有侵害他人名誉的嫌疑。"钟铭问题"可谓与此十分相似。

虽然，德川家康若因为这些小事就马上发动战争，显得十分牵强。但丰臣秀赖和淀殿也有必要留意家康的心情，避免不小心刺激到强敌。

大坂城面积广大，拥兵十万，对德川军来讲不是那么容易就能攻陷的。虽然家康在真田丸前遭遇了苦战，但能够及时地转换策略，利用炮击对淀殿产生心理压力，可谓是绝妙的一招。

我们之前讲解了小牧·长久手之战（参照224页），也明白了即便不直接以武力取胜，采用别的方法达到目标也是可以的。据说当时大坂城内拥有约1万名女官，她们都是非战斗人员。所以只要不断让她们感到恐惧，就能够消磨对方的士气。

没有战斗经验的秀赖无法担当指挥官的重任。而淀殿仅凭一己之见就决意讲和，也预示了今后悲惨的结局。

大坂夏之阵

大坂城陷落
战乱时代终结

场	大坂（今大阪府）	**数**	约15万人（德川军）vs 约9万人（丰臣军）
战	德川家康 vs 丰臣秀赖	**原**	丰臣方面拒绝交出大坂城
键	真田幸村	**结**	德川军胜利
死	丰臣秀赖，真田幸村	**损**	大坂城被焚毁

战前 脆弱的口头约定导致战事再起

　　大坂冬之阵和谈后，丰臣秀赖仍想抵抗，于是放慢了填埋内护城河的速度。然而，已经填好外护城河的德川方工人以"丰臣氏消极怠工"为借口，强行填埋本该由丰臣方填埋的内护城河。

　　秀赖和淀殿提出抗议，表示"这和约好的不一样"，然而德川家康根本不理。**反正填埋作业由谁来进行并未以文书形式确定下来，所以怎样解释都无所谓。**

　　时光流转。庆长二十年（1615），大坂城内弥漫着一股"还要再战"的气氛。丰臣方由于在冬之阵中雇佣浪人已经花掉了大量的资金，到底是解散他们还是再次战斗，必须早做决定。

　　在此情形之下，家康向城内发出通告："要么解散浪人，要么秀赖交出大坂城，移居到大和国（今奈良县）或

半小时读懂日本战乱极简史

244

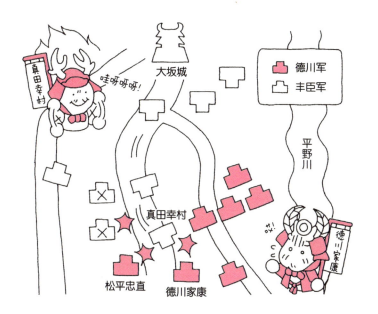

者伊势国（今三重县）。"但遭到丰臣方拒绝。5月，双方再次开战。

⚔ 战局 真田幸村差一点取下德川家康的首级

内外护城河皆无对大坂城来说可谓是大大的不利，所以丰臣军选择出城迎战。

由于已是背水一战，所以丰臣军的士气颇高，从战争初期开始便一直奋勇战斗。长宗我部盛亲还在大坂城南的八尾痛击了德川军藤堂高虎部队。

然而，秀赖的心腹木村重成，在若江被德川军的井伊直孝等人斩杀。曾经服侍黑田官兵卫的后藤基次（又兵卫）为了阻止德川军进攻，在大坂城南的道明寺勇猛抗战，不过却被伊达政宗部队消灭。优秀的指挥官接二连三丧生，使得丰臣军渐渐转为劣势，不得已只能退守城内。

调整好状态的德川军于 5 月 7 日发动了总攻。**此役中，被誉为"战国最后武士"的真田幸村终于动了真格。**他向着家康的部队拼死突击，认为只要斩杀总大将，就能够使形势逆转。

幸村的攻击十分猛烈，连老练的家康都招架不住，差点抛弃营地准备逃命。但最终幸村力竭，被家康的孙子松平忠直的部下杀死。

留在城内的秀赖希望亲自出征，但据说被淀殿阻止了。秀赖之妻德川千姬出城请求祖父家康饶恕秀赖一命，然而对德川军来讲，消灭丰臣氏已是必然。千姬也没能再回到城内。

战争实际上持续了两天，丰臣军全线崩溃，秀赖与淀殿在大坂城内纵火，最后自杀。

战后 日本史上划时代的"元和偃武"

战斗结束后，秀赖与千姬的儿子国松被德川军逮捕并处决。国松年幼的妹妹被送往镰仓的寺院出家，成了一位名叫天秀尼的尼姑。

大坂夏之阵后，从丰臣秀吉时代传下来的元号"庆长"被改为"元和"，从此以后再无战乱。**这改元后的和平，史称"元和偃武"。"偃武"，就是"收起武器，永不再用"的意思。**

此后 200 年，日本进入了一个没有大型战乱的时代。回想起古代、中世的历史，这样的情况可谓绝无仅有。也因此，大坂夏之阵就是本书最后介绍的战役。

> 德川家康巧妙地撕毁了口头约定，并且没有一口气攻下大坂城，而是制造出空档。此举有效地煽动了丰臣方的焦躁情绪。

超译解说 大坂夏之阵的教训

"填埋外护城河"这句话在现代日本也经常使用，意思就是"为了打倒敌人，先去掉最外层的障碍"。

商业往来中，口头约定最后一定会产生麻烦。特别是跟德川家康这个老狐狸交手，他一定会将口头约定向着对自己有利的方向解释，在不知不觉中使敌人陷入不利。所以丰臣方的内护城河被德川方填埋也是丰臣方自作自受。契约还是要落在纸面上。

而且雇佣浪人的金钱成本也让据守在大坂城的丰臣氏颇为心焦。家康很明白这种严峻的财政状态，所以在大坂冬之阵和谈后，故意制造出空窗期，煽动丰臣方面的焦躁情绪。

当然，德川氏夺取天下已成既定事实，丰臣军绝无逆转的可能。秀赖等人选择与大坂城共存亡，也许是出于内心的自尊，也或是因为淀殿根本没有想到家康会做得如此之绝。

另外，战争结束后的江户幕府没有过分地贬斥丰臣军，也允许说书等民间娱乐美化真田幸村，这在间接上为对德川家不满的人提供了一个出气口。即便依靠武力取胜，但如果不掌握民心，那么整个体制依然无法维持下去。

参考书目

1.《历史读本》编辑部.《看这个你就明白了！通过失败者解读古代史的谜团》（ここまでわかった！敗者で読み解く古代史の謎 彼らは、なぜ敗者とされたのか？）[M]. 角川社，2014.

2. 武光诚.《日本人必读的日本人与战争：铭刻在历史的对外战争》（日本人なら知っておきたい日本人と戦争 歴史に刻まれた対外戦争の「なぜ？」を見つめ直す本）[M]. 河出书房新社，2008.

3.《日本古代史"战乱"的最前线：解读战乱与政治斗争之谜》（日本古代史「争乱」の最前線 戦乱と政争の謎を解く）[M]. 新人物往来社，1998.

4. 仓本一宏.《日本古代战争史：从好太王碑、白村江到刀伊入寇》（戦争の古代日本史 好太王碑、白村江から刀伊の入寇まで）[M]. 讲谈社，2017.

5. 出口治明.《从零学习日本史讲义·古代篇》（0から学ぶ「日本史」講義 古代篇）[M]. 文艺春秋，2018.

6. 寺崎保广.《长屋王》（長屋王）[M]. 吉川弘文馆，1999.

7. 木本好信.《藤原仲麻吕：率性且聪敏》（藤原仲麻呂 率性は聡く敏くして）[M]. 密涅瓦书房，2011.

8. 早川万年.《解读壬申之乱》（壬申の乱を読み解く）[M]. 吉川弘文馆，2009.

9. 樋口知志.《阿弖流为：不要再称之虾夷俘虏》（阿弖流為 夷俘と号すること莫かるべし）[M]. 密涅瓦书房，2013.

10. 铃木拓也.《日本战争史（3）：虾夷与东北战争》[戦争の日本史（3）蝦夷と東北戦争] [M]. 吉川弘文馆，2008.

11. 远山美都男.《败者的日本史（1）：大化改新与苏我氏》（敗者の日本史（1）大化改新と蘇我氏）[M]. 吉川弘文馆，2013.

12. 山尾幸久.《筑紫君磐井的战争：东亚的古代国家》（筑紫君磐井の戦争 東アジアのなかの古代国家）[M]. 新日本出版社，1999.

13. 仓本一宏 .《日本战争史（2）：壬申之乱》[戦争の日本史（2） 壬申の乱][M]. 吉川弘文馆，2007.

14. 森公章 .《天智天皇》（天智天皇）[M]. 吉川弘文馆，2021.

15. 铃木哲雄 .《动乱的东国史（1）：平将门与东国武士团》（動乱の東国史（1）平将門と東国武士団）[M]. 吉川弘文馆，2012.

16. 川尻秋生 .《日本战争史（4）：平将门之乱》[戦争の日本史（4）平将門の乱][M]. 吉川弘文馆，2007.

17. 元木泰雄 .《源赖义》（源頼義）[M]. 吉川弘文馆，2017.

18. 关幸彦 .《日本战争史（5）：东北的争乱与奥州之战——"日本国"的确立》（戦争の日本史（5）東北の争乱と奥州合戦「日本国」の成立）[M]. 吉川弘文馆，2006.

19. 上杉和彦 .《日本战争史（6）：源平争霸》[戦争の日本史（6）源平の争乱][M]. 吉川弘文馆，2007.

20. 元木泰雄 .《败者的日本史（5）：治承·寿永内乱与平氏》（敗者の日本史（5）治承·寿永の内乱と平氏）[M]. 吉川弘文馆，2013.

21. 本乡和人 .《日本战争史：重读武士时代》（戦いの日本史 武士の時代を読み直す）[M]. 角川社，2014.

22. 元木泰雄 .《中世的人物：京·镰仓时代篇第一卷——保元·平治之乱与平氏的荣华》（中世の人物 京·鎌倉の時代編第一卷 保元·平治の乱と平氏の栄華）[M]. 清文堂出版社，2014.

23. 野口实 .《中世的人物：京·镰仓时代篇第二卷——治承·文治内乱与镰仓幕府的成立》（中世の人物 京·鎌倉の時代編第二卷 治承·文治の内乱と鎌倉幕府の成立）[M]. 清文堂出版社，2014.

24. 森茂晓 .《日本战争史（8）：南北朝动乱》[戦争の日本史（8）南北朝の動乱][M]. 吉川弘文馆，2007.

25. 新井孝重.《日本战争史（7）：元军来袭》［戦争の日本史（7）蒙古襲来］[M]. 吉川弘文馆，2007.

26. 关幸彦.《败者的日本史（6）：承久之乱与后鸟羽上皇》（败者の日本史（6）承久の乱と後鳥羽院）[M]. 吉川弘文馆，2012.

27. 秋山哲雄.《败者的日本史（7）：镰仓幕府的灭亡与北条氏一族》［败者の日本史（7）鎌倉幕府の滅亡と北条氏一族］[M]. 吉川弘文馆，2013.

28. 山本幸司.《日本的历史（9）：赖朝草创天下》［日本の歴史（9）頼朝の天下草創］[M]. 讲谈社，2011.

29. 笕雅博.《日本的历史（10）：元军来袭与德政令》［日本の歴史（10）蒙古襲来と德政令］[M]. 讲谈社，2001.

30. 吴座勇一.《日本中世战争史"下克上"真的存在吗》（戦争の日本中世史「下克上」は本当にあったのか）[M]. 新潮社，2014.

31. 佐藤和彦，樋口州男.《全解北条时宗》（北条時宗のすべて）[M]. 新人物往来社，2000.

32. 新田一郎.《日本的历史（11）：太平记的时代》［日本の歴史（11）太平記の時代］[M]. 讲谈社，2009.

33. 小林一岳.《日本中世史（4）：元军来袭与南北朝的动乱》（日本中世の歴史（4）元寇と南北朝の動乱）[M]. 吉川弘文馆，2009.

34. 森茂晓.《足利尊氏》（足利尊氏）[M]. 角川社，2017.

35. 樱井彦，樋口州男，锦昭江.《全解足利尊氏》（足利尊氏のすべて）[M]. 新人物往来社，2008.

36. 山田邦明.《败者的日本史（8）：享德之乱与太田道灌》［败者の日本史（8）享德の乱と太田道灌］[M]. 吉川弘文馆，2014.

37. 龟田俊和.《观应骚乱：足利尊氏与足利直义的争斗》（観応の擾乱 室町幕府を二つに裂いた足利尊氏・直義兄弟の戦い）[M]. 中央公论新社，2017.

38. 森茂晓.《室町幕府的崩坏》（室町幕府崩壊）[M]. 角川社，2017.

39. 久留岛典子.《一揆的世界与法则》（一揆の世界と法）[M]. 山川出版社，2011.

40. 神田千里.《土一揆的时代》（土一揆の時代）[M]. 吉川弘文馆，2004.

41. 大津透，等.《岩波日本史第8卷：中世3》（岩波講座 日本歴史 第8卷中世3）[M]. 岩波书店，2014.

42. 山田邦明 .《日本中世史（5）：室町的和平》［日本中世の歴史（5）室町の平和］[M]. 吉川弘文馆，2009.

43. 吴座勇一 .《应仁之乱：催生战国时代大乱》（応仁の乱 戦国時代を生んだ大乱）[M]. 中央公论新社，2016.

44. 峰岸纯夫 .《享德之乱：中世东国的"三十年战争"》（享徳の乱 中世東国の「三十年戦争」）[M]. 讲谈社，2017.

45. 神田千里 .《日本战争史（14）：一向一揆与石山之战》［戦争の日本史（14）一向一揆と石山合戦］[M]. 吉川弘文馆，2007.

46. 石田晴男 .《日本战争史（9）：应仁·文明之乱》［戦争の日本史（9）応仁·文明の乱］[M]. 吉川弘文馆，2008.

47. 山田康弘 .《足利义稙：活在战国的不屈不挠大将军》（足利義稙 戦国に生きた不屈の大将軍）[M]. 戎光祥出版社，2016.

48. 市村高男 .《日本战争史（10）：东国的战国合战》［戦争の日本史（10）東国の戦国合戦］[M]. 吉川弘文馆，2008.

49. 榎本秋 .《从合战地图解读战国时代》（合戦地図で読み解く戦国時代）[M]. SB 创造社，2018.

50. 伊东润，板嶋恒明 .《北条氏康：构建关东王道乐土的男人》（北条氏康 関東に王道楽土を築いた男）[M]. PHP 研究所，2017.

51. 汤山学 .《北条氏纲与战国关东争夺战》（北条氏綱と戦国関東争奪戦）[M]. 戎光祥出版社，2016.

52. 川名登 .《房总里见一族·修订版》（房総里見一族 増補改訂版）[M]. 新人物往来社，2008.

53.《毛利战记：元就消灭大内氏、尼子氏的权谋》（毛利戦記 大内、尼子を屠った元就の権謀）[M]. 学研社，1997.

54. 山田雄司 .《忍者的历史》（忍者の歴史）[M]. 角川社，2016.

55. 渡边大门 .《从地理与地形中解读战国时代的攻城战》（地理と地形で読み解く 戦国の城攻め）[M]. 光文社，2019.

56. 谷口克广 .《日本战争史（12）：信长天下布武之道》［戦争の日本史（13）信長の天下布武への道］[M]. 吉川弘文馆，2006.

57. 堀新 .《读〈信长公记〉》(信長公記を読む) [M]. 吉川弘文馆，2009.

58. 柴辻俊六 .《新编全解武田信玄》(新编　武田信玄のすべて) [M]. 新人物往来社，2008.

59.《战国九州三国志：岛津·大友·龙造寺的战斗》(戦国九州三国志 島津·大友·龍造寺の戦い) [M]. 学研社，2008.

60.《上杉谦信：越后之龙翱翔于战国》(上杉謙信 越後の龍、戦国に飛翔する) [M]. 学研社，2008.

61. 小和田哲男 .《日本战争史（15）：秀吉的天下统一战争》[戦争の日本史（15）秀吉の天下統一戦争] [M]. 吉川弘文馆，2006.

62. 中野等 .《日本战争史（16）：文禄·庆长之役》[戦争の日本史（16）文禄·慶長の役] [M]. 吉川弘文馆，2008.

63. 矢部健太郎 .《败者的日本史（12）：关原之战与石田三成》[敗者の日本史（12）関ヶ原合戦と石田三成] [M]. 吉川弘文馆，2013.

64. 五味文彦，等 .《详说日本史史料集（再订版）》(詳説日本史史料集（再訂版）) [M]. 山川出版社，2017.

65. 乃至政彦 .《图解！战国的阵形》(図解！戦国の陣形) [M]. 洋泉社，2016.

66. 加唐亚纪 .《图解日本战争》(ビジュアルワイド図解 日本の合戦) [M]. 西东社，2014.

67. 乃至政彦 .《战国的阵形》(戦国の陣形) [M]. 讲谈社，2016.